涵诗咏词

彭世强 编著

涵咏是目的，也是过程。
吟咏是手段，诗词是内容。
涵咏、滋润以养心，诗词品赏为育人，
此之谓『涵诗咏词』也！

上海交通大学出版社
SHANGHAI JIAO TONG UNIVERSITY PRESS

内容提要

　　本书是普及性吟诵读本，系作者十几年来所作的吟诵和朗诵讲课教案或讲座稿以及相关展示活动的脚本。可供一线教师开展类似活动的借鉴，也可供吟诵、古诗文爱好者参考使用。

图书在版编目（ＣＩＰ）数据

涵诗咏词 / 彭世强编著. —上海：上海交通大学出版社，2020
ISBN 978 - 7 - 313 - 22852 - 9

Ⅰ.①涵…　Ⅱ.①彭…　Ⅲ.①阅读课-中小学-课外读物
Ⅳ.①G634.333

中国版本图书馆 CIP 数据核字（2020）第 006116 号

涵诗咏词
HANSHI YONGCI
....

编　　著：彭世强				
出版发行：上海交通大学出版社		地　　址：上海市番禺路 951 号		
邮政编码：200030		电　　话：021 - 64071208		
印　　刷：常熟市文化印刷有限公司		经　　销：全国新华书店		
开　　本：710mm×1000mm　1/16		印　　张：14.5		
字　　数：254 千字				
版　　次：2020 年 3 月第 1 版		印　　次：2020 年 3 月第 1 次印刷		
书　　号：ISBN 978 - 7 - 313 - 22852 - 9				
定　　价：58.00 元				

版权所有　侵权必究
告 读 者：如发现本书有印装质量问题请与印刷厂质量科联系
联系电话：0512 - 52219025

序一　老马的脚印

欣闻彭世强先生的著作《涵诗咏词》即将问世。初览其作，特点有二。

一，从理论上看，他对吟诵和朗诵古诗词的理论有探索，有思考，有验证，并端出了自己的体会与见解；

二，从实践上看，他提供了对李白、杜甫、苏轼、李清照、辛弃疾等五位诗人代表作的分析、演绎的文稿和录音资料。颇有参考价值。

"鸳鸯绣出凭君看，不把金针度于人"，这是旧时代的不良风气。彭世强先生却未陷泥淖，不但把"鸳鸯"绣给人看，也把"金针"送给读者。这个"金针"就是方法，书中对怎样朗诵和怎样吟诵有提示，讲了自己的心得体会。

我很佩服彭老师的毅力，佩服他追求真理、精益求精的探索精神。最近13年（2005—2018年），无论他在国内或国外，都一直探索古诗词的诵读与吟诵。一堂堂讲课的教案，一次次诵读、吟咏的录音，都凝结着他的心血，也是他在前进道路上留下的一个又一个的脚印。属马的彭世强先生的探索，可谓"老马识途"。

我们不妨沿着"老马"的脚印，携手共进，深入探索。我相信：前方将会响起丰富而浓烈的吟诵之声！

王恩保

北京语言大学教授，中华吟诵学会常务理事

序二　由衷之贺

近些年,在国学热的影响下,古典诗歌的吟诵渐渐成为文化新宠,一批专家学者热情投入到吟诵文化的实践、研究和推广中,在这方面,彭世强老师称得上是上海滩执着的奉行者之一。

2008年我曾有幸与他一起参加了于北京举行的全国首届中华吟诵大会,彭老师在会上做了吟唱展示,从嗓音条件、声乐修养,尤其是旋律声腔与诗词内容的融合性,呈现出了完美的艺术效果,在整场吟诵的舞台展示交流中,独树一帜,赢得与会者的好评。

当下吟坛,门派纷呈,群雄鹊起,其中难免有以邻为壑、孤芳自赏、唯我独尊等异象陋习。彭老师虽师出有门,却从不以此标榜沽名、标新立异,而是脚踏实地,带领上海语文教育界"贤人七十",从理论探索到实践积累,从校园普及到社会推广,在诗词吟诵的田园里呕心沥血,精耕细作,迎来累累果实、芬芳满园。

诗词吟诵,绝不是一门简单的口头技艺,它根植于音韵、乐律等学科,应当经得起审美检验和理论认证,成功的吟诵家需要具备扎实的传统文化涵养和汉语言文学的功底。彭世强老师就是这样一位学者、专家,所以对于吟诵,既知其然,又知其所以然;既能登台引吭,又能教学育人,还有良好的笔头功夫。彭老师能经年累月,知行合一,发奋精进,终成正果,可喜可贺、可敬可佩!

值此彭老师又一著作《涵诗咏词》即将面世之际,留此笔墨,以表由衷之贺!

陆　澄

原东方广播电台优秀节目主持人

全国金话筒获得者

著名诗人,上海朗诵协会会长

序三　朗诵的精神

　　朗诵的问题，一直是语文教学中没有得到很好解决的问题。基本的现象是，有些老师不会朗诵一篇文章或一首诗，或读得断章取义，或读得味同嚼蜡，或读得苍白无力；有些学生读文章也是磕磕巴巴、哽哽噎噎，不流畅，或增字，或减字，或随意改字。公开课上常有这种现象，估计平时的课堂上就更多了。著名语文特级教师过传忠先生、彭世强先生说起这种现象，痛心疾首，因此两位先生凭借一己之力，开朗诵会、办朗诵班、躬行践行，不遗余力。我在上海工作的时候，常能看到他们穿梭奔波的身影。

　　然而，朗诵的问题好像依然没有大的改观，不仅如此，面临着考试的压力，朗诵的声音似乎日渐式微，有些语文课堂上几乎已经听不见琅琅的读书声了，学生基本上都在埋头做题。这种有违语文教学规律的现象，近些年来似乎有抬头的趋势。我想，每一个热心语文教学事业的人，面对这种现象，都不应该漠然而视，无动于衷。语文教学课堂上，应该还我琅琅读书声；中小学校园里，应该还我琅琅读书声！

　　让人倍感欣慰和骄傲的是，近些年来，对于朗诵或吟诵，许多有志之士正在努力做一些事，或在社会上举办朗诵会，像清明诗会、中秋诗会、新年诗会等，或在学校指导学生学习吟诵，排演话剧，搞戏剧会演，吟诵古诗文，工作做得如火如荼。这其中特别要说一说的是上海师范大学附属中学资深语文特级教师彭世强先生。

　　彭先生一直默默做着朗诵的工作，不事张扬，但他对语文教学的热情和提携学子的爱心一如既往，丝毫不减当年。他按照语文教学的理想和规律，在做一些实实在在的推进工作。虽然退休多年，取而代之的是对理想的追求，彰显的是对教育、对诵读的热爱。开设吟诵选修课，创建学生朗诵社团——海鸥朗诵社，这些实践，不仅发掘出了彭先生能说、会唱的戏剧功底，而且恰恰从这里为我们打开了一扇语文教育的天窗，让我们看到了语文素质教育的天光。

　　2006 年，笔者非常有幸聆听了彭先生的"人啊人"的朗诵报告会，顿觉感动、震撼，自己身上的那一些似乎沉睡的热血，也被充分激活了！原来我们也是热爱生活，热爱生命，热爱我们的伟大的民族的！这种热爱的感情，在彭先生和他的学生的朗诵声中,被充分地唤醒了。我看到,场上1800名学生和老师,眼眶湿润了,眼睛发亮了,身子骨渐渐地挺立了起来。这种现象,我们多久没有看到了,这种场面,在语文课堂上多久没有看到了,这种激情、这种热烈、这种鼓舞人、打动人的声音,我们多久没有听到了?

感谢彭先生和他的学生,感谢他们用富有艺术感染力的声音,用洗尽铅华的朴实声音,让我们又回到了语文,回到了人文教育的现场。

通过这声音,我们又找到了回家的路,又抓住了语文教学的灵魂,又看到了大写的人的身影!倘若需要从学理的角度对彭先生的朗诵做点梳理的工作,我们或许可以这样说,彭先生的朗诵为我们确立了一种朗诵的精神。

这种朗诵的精神是什么呢?

首先,它必须传达中文之美。古老的中文自身具有先天的声律之美,平上去入,平平仄仄,抑扬顿挫,多美啊!光是听听这声音,就能被它打动,就能受它感染,所以朗诵的精神首先是能彰显汉语之美。

其次,朗诵的内容必须能帮助学生塑造人格。朗诵固然十分强调仪式感,强调形式的美,但朗诵的内容对学生身心的陶冶,对学生情感的熏陶,对学生人格的塑造似乎更重要,这必然要成为朗诵的精神内核。没有高尚的朗诵内容,一切朗诵都会成为空中楼阁。做到了这两点,我以为就把握好了朗诵的灵魂。当然,彭世强先生的"人啊人"朗诵报告会,真正体现了这样一种朗诵的精神。

第一,他立足于一个"人"字。

他精选优美的诗文(大都是教材中的美文),让我们通过声音"看"到每一篇文字的背后都站立着一个人,或一个坚强的人,或一个自立的人,或一个清醒的人,或一个生命力丰沛的人。更让人欢欣的是,彭先生结合自己几十年的教学和生活感悟,不仅引导学生朗诵好每一段文字,更主要的是引导学生做好一个大写的"人"!当那个生患先天疾病,身高不过一米多点的小姑娘走上讲台,自信而神采奕奕地朗诵时,感动和认同的掌声便像风暴一样响起来,经久不息。从这里,我们难道仅仅是感受到一种声音的力量吗?不,我们更感受到了人的力量!这,就是大语文,就是生命教育的力量,就是真正的人文教育。

第二,他传达一个"情"字。

如果说文学作品主要是突出一个"情"字,那么文学作品的朗诵就更要突出这个"情"字。彭先生所选择的文学作品,每一篇都饱含着丰富的感情,或悲伤,或亢奋,或斗志昂扬,或款款深情,许多诗篇都催人泪下。这是朗诵传达情感的基础和关键之一。在彭先生的用心调教之下,他的学生基本上都能够把每一篇作品的情感,通过自己的声音传达出来,同学们朗诵得用心、动情,他们在台上那几分钟精彩表现的背后,凝聚着师生大量的汗水和心血。可见，一个"情"字的精彩传达，其实是汗水、泪水和心血凝结而成的。

第三，他塑造一个"力"字。彭先生的朗诵，最主要的是为我们塑造了两种"力"——感染力和生命力。

感染力不仅仅体现在所选作品的本身，还表现在对原著作品的改编上，比如《中国人，不跪的人》。原诗歌尽管是一首非常富有感染力的作品，但如果不进行改编，恐怕也只适合一个人朗诵，不太适合一个群体朗诵。彭先生挥动智慧之笔，对原作进行了大胆改编，在保留原作基本内容不变的前提下，将它改编成了一个报告剧。这样原作的激情和魅力继续保留了下来；再加上男声和女声不同的色调，一会儿高亢，一会儿清越，合声、和声此起彼伏，形成了一种交响乐的效果，非常富有震撼力。

生命力主要表现为整个朗诵会，无论从内容上还是从形式上，无论从朗诵者本身表现出的一种姿态上，还是从许多听者表现出的一种反应上，处处都体现了一种生命的律动，处处都闪现着活生生的生命之影。朗诵会的内容紧扣住生命做文章，"生命、和谐、生死"，每一处都体现了人的尊严，每一处都体现了人的力量。我们听到，老师的生命在歌唱；我们看到，学生的生命在成长；我们仿佛听到了生命拔节和开花的声音。

有力量，有感染力，有生命力，有震撼力，这就是彭先生朗诵会的鲜明色彩。

第四，他描绘一个"美"字。如果说"人"是彭先生朗诵会的出发点，"情"是彭先生朗诵会的凝结点，"力"是彭先生朗诵报告会的着力点，那么，"美"就是彭先生朗诵会的闪光点。

从彭先生的朗诵报告会中，我们不仅看到了人的活动和表现，为真情、激情、热情所打动，受到了强大的震动、感动和冲动，最后，我们还陶醉在美的声音里，陶醉在美的文辞里，陶醉在美的组合形式里。彭先生沐耳洁面，振衣冠，正身板，精神矍铄，鹤发童颜，美；彭先生之学生一律穿藏青校服，高矮搭配得体，既稳重得体，又端庄大方，美；先生居中，学生分两边呈一字排开，整个朗诵队伍若燕子展翅飞行，美；男声青春勃发，似钟吕初鸣，女声婉转秀丽，如百鸟放声，先生之声浑厚、沧桑，听之让人落泪，美；所有作品，都合律、合声，都动人、动情，美。一句话，整个朗诵会使人感到美不胜收，流连忘返。美，或许是朗诵会的最高境界，再进一步，美或许就是语文课的最高境界。

何　郁

正高级语文特级教师，著名诗人

前言　必要的陈述

从事吟诵的推广、普及，已有数十载，总有师友催我成书，以解吟诵之渴。然而，从当初"泠泠七弦上，静听松风寒"的夜阑之境，到如今"融融向暖""暗香在鼎"的回暖之时，已有诸多吟诵专家、学者的吟诵专著先后问世。拜读之后，才疏学浅的我，就愈加不敢下笔了。

2014年我携手原名师工作室和海燕吟诵社众位弟子，合作完成了名为《古韵今咏燕之声》的吟诵光盘，盘中附有一本书册，透露了一些自己对吟诵的肤浅认识。由于"书"隐于"盘"，其影响，颇显不足。

近年来，我先后被徐汇、零陵学区和上师大学区聘为传统文化——吟诵教学和普及推广的指导教师，又承蒙两个学区领导曾宪一校长、刘晓艳书记、郑敏芳校长的鼎力相助和热情扶持，《涵诗咏词》一书，才得以呱呱坠地。

我对此书的定位思考是——不敢奢求学术价值，只求通俗易懂，能为一线师生所接受。

全书分为上、下两部分。

上篇是"吟诵教程"（共八讲），以供吟诵拓展课之用。

下篇是"吟诵鉴赏"，指的是诗词吟诵品赏讲座（或展示）稿。汇集其中的有六份独立的讲座稿（或展示脚本），一份诗人专题系列讲座稿（内含李白、杜甫、苏轼、李清照、辛弃疾等五位诗人的专题）。这些讲座（或展示）稿，实际上是我十三年（2005—2018年）探索实践的主要痕迹。十三年来，由于语文教学环境的变化，我不得不探索与之相适应的讲课（展示）形式和内容。不断思考，不断实践，不断修改，才留下这一系列文字。

我反复琢磨而得"涵诗咏词"之名。"涵"者，涵咏、沉浸、滋润者也，强调诗词学习应该提倡"沉潜其意,浸润其情";"咏"者,诵读、吟咏者也,强调"吟诵"是一种值得恢复、倡导的传统的学习手段。一堂堂讲课,一次次诵读、吟咏(唱),无非就是为了激起习者的品赏兴趣,激发涵咏的动力。其实,这正是笔者长期实践的体会和追求。

涵咏是目的,也是过程。吟咏是手段,诗词是内容。涵咏、滋润以养心,诗词品赏为育人,此之谓"涵诗咏词"也!

彭世强

目录

上篇

吟诵教程

第一讲 廓清概念

时至今日，传统文化的热潮滚滚涌来，随着国学之热，经典古诗词成了舆论热议的宠儿，"吟诵"，这一传统读书方法，也成了国人热衷的话题之一。但是对于"吟诵"的理解，可谓百家争鸣，众说纷纭。学者们引经据典，引述了历朝历代的各种解释。然而"吟诵"概念的确切定义，依然有待时日。可是随着吟诵的复兴，初步廓清其概念，却又迫在眉睫！

一、何为"吟诵"？

且看 2005 年以前的《现代汉语词典》对"吟诵"的诠释："有节奏地诵读诗文。"不难辨识，此说模糊了"吟""诵"之别，或者说，以"诵"代"吟"，很不全面。

中华书局出版的《吟诵读本》主编、北京语言大学教授王恩保先生介绍说："2005 年《现代汉语词典》（第五版）才正式收录'吟诵'这个词，并释为'吟咏诵读'。"2016 年第七版的《现代汉语词典》，也保持了这个诠释。

大连图书馆名誉会长、中华吟诵学会副理事长张本义先生，则简明诠释为："吟诵，即吟咏诵读，是中国诗文特定的展示方式。"

2010 年中华吟诵学会成立后，明确提出"吟诵"包括"吟咏（吟唱）"和"诵读"。

可见,十几年前,不少人对"吟""诵""吟诵"的理解很不全面。而如今"吟诵"之说,似乎明确,实则不然。

在众多活动中,不少人还是视"吟诵"为"箩筐",什么都往里装!一场所谓的"古诗文吟诵会"上,朗诵、歌唱、戏歌、戏曲演唱、曲艺演唱,甚至快板,都顶着"吟诵"的帽子,涌上舞台。

可见,初步廓清"吟诵"概念,并作深入浅出的简述,何其紧要。

以《现代汉语词典》的简述为依据,"吟诵"可诠释为"吟唱"(咏)和"诵读"两部分。二者都是"尽显古典诗文音韵特色的有声阅读",但"吟唱(咏)"是具有简约音乐旋律的有声阅读,其音乐性远胜于"诵读"。

廓清"吟诵"图示如下所示:

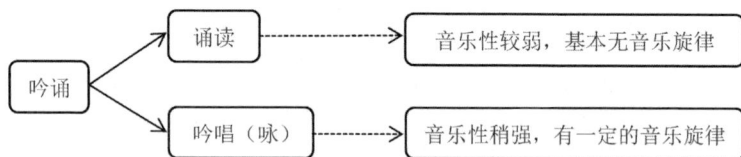

```
          ┌──→ 诵读    ┄┄┄→ 音乐性较弱,基本无音乐旋律
  吟诵 ───┤
          └──→ 吟唱(咏) ┄┄┄→ 音乐性稍强,有一定的音乐旋律
```

二、辨识"诵读"

没有音乐旋律的"诵读",又可按诵读的用语分成——"方言诵读"和"国语(普通话)诵读";按诵读的时间可分成——"传统诵读"和"现代诵读"。"传统诵读"是指口耳相传,源于私塾、家学的一种旧式诵读。"现代诵读"则是接近于"现代朗诵"的"诵读"。

"诵读"的各种概念,图示如下:

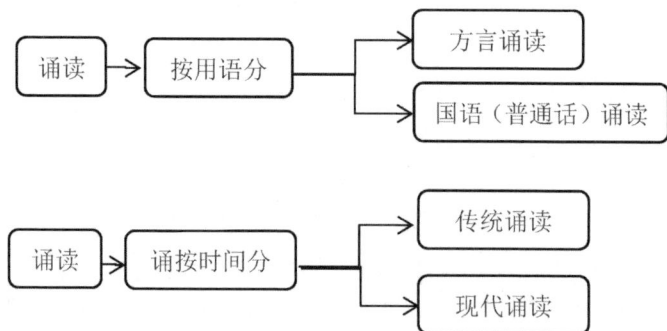

```
                      ┌──→ 方言诵读
  诵读 ──→ 按用语分 ──┤
                      └──→ 国语(普通话)诵读


                      ┌──→ 传统诵读
  诵读 ──→ 诵按时间分 ─┤
                      └──→ 现代诵读
```

三、初晓"吟唱（咏）"

吟唱（咏）：又可分成"吟"和"唱"。有人认为"诗"为"吟"；"词"和"曲"则为"唱"。其实未必，唐代"旗亭画壁"的故事（见附件3），说明"伶人唱诗"是极为普遍的现象。可见"吟唱（咏）"无须分开。一定要分，无非是在音乐性上有强弱之分，"吟"弱而"唱"强。

但古诗文的"吟唱（咏）"，毕竟与戏曲、歌曲之"唱"有所区别，即吟唱（咏）必须以"读"为本，即阅读理解文本，从文字出发，发琅琅之声以表达文本的意蕴和情感。而且，它的音乐性，明显地弱于"戏、歌"之唱，其音乐旋律比较简约。而"戏、歌"之唱，虽然也应该遵循唱词之意，但更着眼于音乐为本，尽可能充分地表现其音乐之美。

综上所述，"诵读"和"吟唱"，都是吟诵者对诗文理解和感悟的一种表达方式，这就是"吟诵"的本质！

附件1

关于"吟诵"的各种说法

一说："吟诵是中华传统的美读诗文的方法，是古典诗文语音表现的一种形式，是一种历史悠久的学习欣赏、创作和教学，以及传播诗文的一种手段。"（见国家语委主编的《中华传统吟诵》光盘视频第一集《有声的诗文》人民教育电子音像出版社出版）

一说："吟诵，即吟咏和诵读，是中国诗文特定的展读方式。"（见张本义《吟诵拾阶》一书广西师范大学出版社2013年8月第一版）

一说："古诗文吟诵，是吟诵者通过自己的声音形象来表达诗文内容与感情的一种艺术形式。"（见北京语言学院出版社1991年9月出版的王恩保《古诗文吟诵集萃》）

一说：吟诵有狭义和广义之分。"所谓狭义的吟诵，指古代私塾、书院等代代相传的读书方法，这种吟诵是在'诵'的基础上加上了一个'吟'，有人又称之为吟咏,……广义的吟诵除吟诵(或吟咏)之外还包括吟唱。所谓吟唱,就是较吟诵(或吟咏),更接近于唱歌,有一些吟唱是依据古代流传下来的曲谱改编的……也有在继承传统吟诵基础上谱写的具有吟味的新曲调。"(见王恩保主编的初中版《中华吟诵读本》中《前言》一文中华书局2015年1月第一版)

还有一说:"吟诵,是创作、学习、记忆和欣赏古诗文的传统读书方法。"(见徐晓生《古诗文入门》一书中国言实出版社2016年11月第一版)

综上所述,有一条是共同的,即吟诵是一种传统的读书方法。可见,这是吟诵的基本属性。

但是,"吟诵""吟唱(咏)""广义吟诵""狭义吟诵"等种种说法,又引来了初学吟诵者的困惑。2009年中华吟诵学会在首届全国吟诵周活动中,又归纳出一种见解——吟诵,由"诵读"和"吟唱(咏)"两部分组成。这就基本上厘清了吟诵这一概念。(见上文图示)

附件2

"吟诵"的曲折经历

清 风

吟诵,是中国古代传统的读书方法,有着悠久的历史。可以这样说:早在诗歌诞生之始,诗歌的吟唱就随之出现。也可以这样说,它是原始社会中,全民性质的诗歌吟唱,是最早的"吟诵"。

时至春秋时代,孔子的私人办学兴起,至圣先师孔子就将它作为一种诗歌学习的方法,引入教育,故有了"诵诗三百,弦诗三百,歌诗三百,舞诗三百"之说。所以就有人盛赞孔子为"我国古代第一位著名的诗文吟诵专家"。

千百年来,吟诵代代相传,成了一种读书的方法,一种诗文学习的传统。但是20世纪初,我国最后一个封建政权——清王朝被推翻了,科学和民主意识唤醒了民众,进步的知识分子,深入认识了封建教育的恶果,于是西方新的教育理念和形式,逐渐影响了国人。

在民国政府建立之后,新型的学堂(学校)教育形式,取代了旧的教育形式,民国政府下令废止了封建教学形式——私塾,并废止了读经。与此同时,盛行于私塾教学的"吟诵"形式,也就逐渐退出了新教育领域,新学堂也就送别了吟诵之声。

"大'革'文化'命'"的喧嚣声告终之后,尤其是改革开放深入之际,恢复国学,强化传统文化教育的呼声四起,"吟诵"也就被逐渐地提到了议事日程。人们渐渐地从心有余悸的黯然低吟，转而为心旷神飞的欣然朗吟。

　　继 2017 年 1 月中共中央办公厅、国务院办公厅印发了《中华经典诵读工程实施方案》之后，2018 年 9 月 26 日，教育部、国家语委又印发了《中华经典诵读工程实施方案》，于是，传统文化"热"了，国学"热"了，吟诵也"热"了……

附件 3

旗亭①画壁

　　开元中，诗人王昌龄、高适、王之涣齐名。时风尘未偶②，而游处略同③。
　　一日，天寒微雪，三人共诣旗亭，贳（赊 shē）酒小饮，忽有梨园伶官十数人，登楼会宴。三诗人因避席偎映，拥炉火以观焉。

　　（译文）唐开元年间，诗人王昌龄、高适、王之涣社会名望相等，无奈他们时运不济，仕途艰难，而游学交友经历颇多相似之处。一天，冷风飕飕，微雪霏霏。三位诗人共去酒楼，赊酒小饮。忽然有一位乐官，率十几名子弟登楼聚饮。于是，三位诗人就回避一旁，围着一个角落的小火炉，且看她们的表演。

　　俄有妙妓四辈，寻续而至，奢华艳曳，都冶颇极。旋则奏乐，皆当时之名部也。昌龄等私相约曰："我辈各擅诗名，每不自定其甲乙。今者，可以密观诸伶所讴，若诗人歌词之多者，则为优矣。"

　　（译文）一会儿又有四位漂亮的梨园女子，先后登上楼来，只见她们装饰十分华艳，体态袅娜多姿。随即乐曲奏响了当时的时尚名曲。王昌龄等私下约定："我们三个在诗坛上都算是有点名气了，可是一直未能分出高下。今天机会来了，可以仔细地听听这些歌女的唱歌，谁的诗被当成歌词唱得多的，谁就最优秀。"

　　俄而，一伶拊节而唱曰："寒雨连江夜入吴，平明送客楚山孤。洛阳亲友如相问，一片冰心在玉壶。"（选自王昌龄的《芙蓉楼送辛渐》）昌龄则引手画壁曰："一绝句！"寻又一伶讴之曰："开箧（qiè）④泪沾臆⑤，见君前日书。夜台⑥何寂寞，犹是子云居⑦。"（选自王昌龄的《长信秋词》（其三））适则引手画壁曰："一绝句！"寻又一伶讴曰："奉帚平明金殿开，且将团扇共徘徊。玉颜不及寒鸦色，犹带昭阳日影来。"昌龄则又引手画壁曰："二绝句！"

　　（译文）一位歌女首先跟着伴奏节拍唱了起来："寒雨连江夜入吴，平明送客楚山孤。洛阳亲友如相问，一片冰心在玉壶。"王昌龄随即在墙壁上画

上一道："（我的）一首绝句。"随后一歌女唱道："开箧泪沾臆，见君前日书。夜台何寂寞，犹是子云居。"（选自王之涣的《凉州词》）高适也在墙上画上一道："（我的）一首绝句。"不久，又一歌女出场歌唱道："奉帚平明金殿开，且将团扇共徘徊。玉颜不及寒鸦色，犹带昭阳日影来。"王昌龄再一次伸手画壁道："（我的）第二首绝句。"

之涣自以得名已久，因谓诸人曰："此辈皆潦倒乐官，所唱皆巴人下里之词耳！岂阳春白雪之曲，俗物敢近哉？"因指诸妓之中最佳者曰："待此子所唱，如非我诗，吾即终身不敢与子争衡矣！脱⑧是吾诗，子等当须列拜床下，奉吾为师！"

（译文）王之涣自以为出名很久了，故对歌女们竟然不唱他的诗作颇为不满！于是就对王、高二位说："这几个唱曲的，都是潦倒无名的丫头片子，所唱不过是'巴人下里'之类不入流的诗作，她们哪里唱得了'阳春白雪'之类的高雅作品呢？"于是用手指着几位歌女中最漂亮、最出色的一位说："等到这位歌女吟唱时，如果唱的也不是我的诗，我这辈子就不和你们争高下了！倘若，果真唱我诗，那就要请二位拜倒在我的座前，尊我为师了！"

因欢笑而俟之。须臾，次至双鬟发声，则曰："黄河远上白云间，一片孤城万仞山。羌笛何须怨杨柳，春风不度玉门关。"（节选自高适的《苦单父梁九少府》）之涣即揶揄（yéyú）二子，曰："田舍奴！我岂妄哉？"因大谐。

（译文）于是，三人边说笑边等待着。过了一会儿，轮到那位梳着双环发髻的最漂亮的姑娘唱了，果然，她唱道："黄河远上白云间，一片孤城万仞山。羌笛何须怨杨柳，春风不度玉门关。"王之涣得意极了，便揶揄王、高二位道："怎么样，乡巴佬了吧？我哪里是妄加预测呢？"于是，三位诗人乐呵呵地发出一阵笑声。

诸伶不喻其故，皆起诣曰："不知诸郎君，何此欢噱？"昌龄等因话其事。诸伶竟拜曰："俗眼不识神仙，乞降清重，俯就筵席！"三子从之，饮醉竟日。

（译文）那些乐官和歌女听到笑声，不明缘故，都起身问他们道："不知诸位大人，为何这般欢乐，这般大笑呢？"王昌龄就把事情的缘由告诉她们。歌女们施礼下拜："请原谅我们俗眼不识神仙，恭请诸位高贵的客人，屈尊赴宴，与我们同饮共餐！"三位诗人应允邀请，与他们醉饮了整整一天。

注解：

① 旗亭：酒楼。

② 风尘：比喻仕途历程。偶，对。风尘未偶，意即未入相应的位置，也就是未

能做官。

③ 游处略同:指交游相处大致相同。

④ 箧:[qiè] 小箱子。

⑤ 臆:[yì] 胸。

⑥ 夜台:坟墓。

⑦ 子云居:汉代文学家扬雄的字。诗中以扬雄比喻亡友梁九少府。这句说他虽然在九泉之下,那里依然是一处文学家的住所。

⑧ 脱:倘若。

第二讲　吟诵之效

吟诵是一种流传了几千年的读书方法,尤其是阅读鉴赏古诗词,更是不可或缺。因为音乐是传统诗歌的生命,音乐美几乎就是诗歌的主要特色,舍弃了诗歌的音乐之美,那就舍去了诗歌的要核。古人衡量诗歌的重要标准就是"其音悦耳"。南宋周密在《齐东野语》中提及苏轼鉴赏诗歌时说过:"三分诗,七分读。"①这里的"读"就是指"吟诵",可见吟诵之重要。

那么,吟诵的效果,究竟如何呢?

一、吟诵之近效——让文字响起来(有声化)、站起来(有形化),活起来(有情化)

一首再妙的诗词,静躺在书册中,即便附有翔实的解读文字,默默阅读,固然不失为一种鉴赏,但毕竟颇有缺憾。

有人说耳朵是机敏的,眼睛却是冷峻的。冷峻阅读诗词,不可或缺,因为那是一种潜心的品赏,更是一种思维品质的锻炼。但是,当人们机敏地听到符合诗意辞情的吟诵之声时,情绪的触动,又胜于安然默读。正如前大连图书馆馆长、著名的吟诵家张本义先生所言:"读一部戏剧的剧本和看这出戏的演出,读一份菜谱(即便是彩照)和品尝这份菜谱上的大菜,其感受完全不同。"②

简言之,吟诵之声,能使诗歌文字响起来(有声化)——这是一种依循文字本身的字调、句调、语调而发的声音;它使文字站了起来(有形化)——这是一种让诗意形象化的声音;它更使诗歌文字活起来——这是一种让静躺文字幻化成形象,满溢着真情的声音!

总之,吟诵不仅使文字外化成可听之声,外化为可观之"形",更衍化为可感之情!

著名美学家朱光潜先生曾说:"写在纸上的诗只是一种符号,要懂得这些符号,只是识字还不够,要在字里见出意象来,听出音乐来,领略出情趣来。诵诗时就要把这种意象、音乐和情趣在声调中传出。这种功夫实在是创造的。读者如果不能做到这步田地,便不能算欣赏……能诵读是欣赏诗的要务。可见不懂得传统吟诵的人,是绝对享受不到古典诗文真正之美的。"

细细品味朱光潜先生的评论,无非就是说:阅读鉴赏古典诗歌,非得依靠动情的吟诵不可!

听到悦耳的《静夜思》的吟诵声,你会情不自禁地随声联想到游子举头望月,低头思亲,或静坐于井栏之前,或徘徊于小径,彳亍[chì chù]于庭院的情景。

听到《风》③的切合诗意之吟诵,你会联想起秋风摧落叶,春风醒百花的图景,也可以幻现到狂风逐浪高,飓风压竹梢的情景。细细品味,也许会因人而异地激发起各种情感波动:许是"无边落木萧萧下"④的惆怅,抑或是"春色满园关不住"⑤的喜悦,也可能是"君看一叶舟,出没风波里"⑥和"入竹万竿斜"的隐忧。

听到李煜的《破阵子》(四十年来家国)⑦和辛弃疾的《破阵子》⑧(醉里挑灯看剑)的吟诵声,你会感受到二者都有痛失山河的哀伤,但前者掺杂着无限的悔恨和自责,后者却满溢无可抑制的嗟叹和激愤。前者的吟诵,能让人眼见一位脸色惨白的才子君王,一个步履踉跄的阶下之囚;后者的吟诵,能让人熟视一位灯下看剑的英雄,他,须髯苍白,目眦尽裂,依然惦记着血洒沙场的召唤!

这就是吟诵的近期效果!

虽然这样的近效,还是浅层次的诗歌品赏,但是它在中小学基础教育中的效果、作用,不可低估,尤其是诗词教学已被笼罩于"逼抄、逼记、逼默"的应试阴影中,吟诵之近效,不可忽略!

几个小学生连"茅屋"都没见过,怎能体味杜甫的《茅屋为秋风所破歌》?但是老师动情的诵读,让几个孩子两眼圆睁,动心地感到了杜甫的高风亮节。受老师的影响,学生的诵读旋即有了感情!一位初中生,刚开始对《琵琶行》,毫无感觉。既不理解作者的感叹——"同是天涯沦落人,相逢何必曾

相识";也不了解琵琶女的经历和感受,更何谈白居易音乐描写之妙。但是,听了一位老教师动心动情的吟诵后,她竟然泣不成声。

故可断言:这些中小学生,跟名篇的距离缩短了,这样的近效,令他们兴味大增,给他们今后进一步走进诗歌,铺平了道路!

二、吟诵之远效——字记于心,意会于心,情润于心

吟诵,不能只见它的近效,而更要着眼于它的远效。

有声阅读,有效的诵读、吟唱,贴近诗情辞意的音乐旋律,会让人随着熟悉的音乐,记住诗词的一字一句,一行一篇。所以没有人会否认"字记于心"的效果。

语文学科的诗词教学,当然要追求熟读记忆,背诵默写的效果。但是,默读死记,只是调动了左半脑抽象思维的功能,所以是单调、枯燥而片面的。对于中小学生来说,过度疲劳的默读死记,常会导致害怕诗词,乃至疏远诗词。

诗词教学一旦引入了吟诵,就可能让从事逻辑思维的左脑和从事形象思维的右脑的功能,都得到深入的开发。莘莘学子的头脑里,不仅留下了文字符号,更留下了一个个物象,一个个画面,乃至与之相应的诗情辞意。这种动心动情的记忆,是愉悦的,痛快的。

这种经常性的会意动情的吟诵,不仅可以提高记忆文辞的效果,更能提升鉴赏诗词的品位,积累诗词中的文化内涵,吸收其人格素养。长久之后,学习者和作者,和诗词亲近了,甚至融为一体了,人的品位、素养何愁不能升华呢?

从形象有情而激发兴趣的近效,逐渐积淀为融情动心的素养提升的远效,那才是语文诗词教学着力追求的目标!

一曲《上邪》⑨,胜过多少篇信誓旦旦的爱情之歌。听过它的吟诵,可以感受到的是古人追求爱情的真挚和执着!

同为爱情诗,林逋[bū]的《相思令·吴山青》⑩,借助柔婉而有力的吟诵,能将人带入一对男女临江痛别的场景。可以引发我们的想象:"两岸青山"相对而泣!从而痛感一双恋人相视而泪的哀伤!

细吟细品这两首诗词,可以体味到——我们古老民族千百年来崇尚的

那种坚贞不渝的爱情观!

吟唱陆游的《诉衷情》[⑪],又可感受另一番场景。开篇有力地吟唱——"当年万里觅封侯,匹马戍梁州",眼前似乎闪现陆游早年驰骋疆场的画面。吟唱"关河梦断何处?尘暗旧貂裘",那"何处"的戛然收音,"旧貂裘"的"裘"字长音延宕,仿佛是晚年陆游的长长的感叹号——感叹军袍犹在,杀敌不能!

吟唱"胡未灭,鬓先秋,泪空流"三句,节奏急促,顿挫有力。吟唱"空流"二字,长长地延宕伸展,会觉得陆将军仰天长啸的身影久久地浮现! 而在"此生谁料,心在天山,身老沧州"的结尾声中,白发将军痛彻心扉的神貌,终难消失……

两首诗歌,吟唱的都是一个"爱"字,同属一种家国情怀! 悉心品,时常吟,情意愈浓,热血更红,一个"人"字,会在心里渐渐地变大、变粗、变浓! 这就是吟诵的远效!

吟唱完后,声音渐渐止歇,但是思绪未断,动心动情的吟诵,会给人以浅斟低吟、深思久品的享受!

注解:

① 南宋周密的《齐东野语》一书,卷二十《读书声》中有记载如下:"昔以有诗投东坡者,朗诵之,而请曰:'此诗有分数否?'坡曰:'十分'。其人大喜。坡徐曰:'三分诗,七分读耳。'"

② 摘自张本义《吟诵拾阶》第五页中"2.欣赏诗文的需要"一节。

③ 《风》:唐代李峤作。原诗如下:

解落三秋叶,能开二月花。过江三尺浪,入竹万竿斜。

④ "无边落木萧萧下":摘自杜甫《登高》。原诗如下:

风急天高猿啸哀,渚清沙白鸟飞回。无边落木萧萧下,不尽长江滚滚来。万里悲秋常作客,百年多病独登台。艰难苦恨繁霜鬓,潦倒新停浊酒杯。

⑤ "春色满园关不住":摘自南宋叶绍翁的《游园不值》。原诗如下:

应怜屐齿印苍苔,小扣柴扉久不开。春色满园关不住,一枝红杏出墙来。

⑥ "君看一叶舟,出没风波里":摘自北宋范仲淹《江上渔者》,原诗如下:

君看一叶舟,出没风波里。江上往来人,但爱鲈鱼美。

⑦ 《破阵子》:后唐李煜作。原词如下:

四十年来家国,三千里地山河。凤阁龙楼连霄汉,玉树琼枝作烟萝,几曾识干戈。

一旦归为臣虏,沈腰潘鬓消磨。最是仓皇辞庙日,教坊犹奏别离歌,垂泪对宫娥。

⑧ 《破阵子》:宋代辛弃疾作。原词如下:

13

醉里挑灯看剑,梦回吹角连营。八百里分麾下炙,五十弦翻塞外声,沙场秋点兵。

马作的卢飞快,弓如霹雳弦惊。了却君王天下事,赢得身前生后名,可怜白发生。

⑨《上邪》:汉乐府民歌。原诗如下:

上邪! 我欲与你相知,长命无绝衰。山无陵,江水为绝,冬雷震震,夏雨雪,天地合,乃敢与君绝!

⑩《长相思·吴山青》:宋代林逋作。原词如下:

吴山青,越山青,两岸青山相对迎,谁知离别情?

君泪盈,妾泪盈,罗带同心结未成,江头潮已平。

⑪《诉衷情》:宋代陆游作。原词如下:

当年万里觅封侯,匹马戍梁州。关河梦断何处? 尘暗旧貂裘。

胡未灭,鬓先秋,泪空流。此生谁料,心在天山,身老沧州。

第三讲 吟诵之要

在厘清吟诵的基本概念的基础上,就有必要把握吟诵的基本要则。无论诵读或吟唱都应该遵循的要则有哪些呢?

一、吐字饱满

无论诵读或吟唱,第一要则是"吐字饱满"。换一种术语就是"吐字归韵"。

这种吐字发音有以下几个要求:

(1)咬字:咬准字头。即声母部分的口舌位置要准确把握。譬如发"传"字音,就要将口舌放在翘舌的位置,规范为[ch],而不是[c]。

(2)吐字:即随之发出韵母的声音,例如"传"字的[uan]。这部分的发音,要强化,即适当延长,音量变强。

(3)归韵:即最后的收音,一定要完整地收到最后一个韵母——如"传"字的[n]。

所以说,"吐字饱满",特别要求在发一些韵母为复韵母的文字时(如"传"字),要将字头[ch]、字腹[ua]、字尾[n],清清楚楚、完完整整地吐出。做到"字头有力","字腹强化"(尤其要强化字腹中的主要元音,如"传"字中[a]的声音),"字尾归韵"。

从字头、字腹到字尾的发音,是一个自然流畅的过程,但是它的全过程应该表现为橄榄形(或称"枣核儿"形)的变化过程(两头轻,中间响)。

吟诵的这一要求,和戏曲的韵白、民歌的吐字发音要求一致。不过,这种吐字的饱满程度,不必像戏曲韵白那样夸张,而是要适当收敛。

吟诵中的诵读和吟唱,都有这个要求。其中的诵读与现代诗文朗诵的区别之一,就是更讲究"吐字饱满"。

二、节奏鲜明

什么叫节奏?

节奏就是"音乐或诗歌中交替出现的有规律的强弱、长短的现象。"(见《现代汉语词典》第七版)节奏,强调的是语音的"强弱、长短"的"有规律"的"交替出现"。这种有规律的声音变化,常给人以一种抑扬顿挫的感官刺激,导致徐疾缓急的心灵共振。这种变化着的声音冲击,会让人感染到情感的变化。音乐的魅力,也就在此体现。

我们汉语言的音乐要素之一,就是语言的节奏感。虽然现代诗歌的朗诵和古典诗词的诵读都有节奏感,但是现代诗歌朗诵的节奏感相对较弱,几近于我们的口语。反之,古典诗词诵读的节奏感,相对比较明显、强劲。

因此,古典诗词的诵读和吟唱,都要充分体现出鲜明的节奏感。

现代儿童诗《月亮和我好》的朗诵和古诗《古朗月行》的诵读,节奏感的差异,比较如下:

月 亮

每一个树梢,挂一个月亮,小鸟说:"月亮和我好。"

每一湾池塘,漂一个月亮,青蛙说:"月亮和我好。"

每一个脸盆,盛一个月亮,宝宝说:"月亮和我好。"

古朗月行(五言绝句)

小时不识月,呼作白玉盘。又疑瑶台镜,飞在青云端。

三、拉腔拉调（句调）

熟悉戏曲韵白的人，就会发现古典戏曲人物的对话，大都拉腔拉调，比现代人物对话拖沓。前面提及古诗文吟诵要吐字饱满，要吐字归韵，它的直接效果之一，也就是拉腔拉调。再从古诗文的句调来看，也要求这样的拉腔拉调，才能充分体现古诗文的音韵之效。这种句调，在今天的粤语中依然存在。粤语是迄今为止最古老的方言之一，它所表现出来的"拉腔拉调"，非常符合古汉语的音韵特点。

这种"拉腔拉调"在散文的吟诵时，就表现为一个句子、一个句群、一个段落结尾时，尾字的延宕拖长，这既是内容承续或转换的暗示，更是感情承接或变化的需要。

例如《陋室铭》开篇几句的吟诵：

山不在高——，有仙则名——；水不在深—，有龙则灵——。斯是陋室—，惟吾德馨——。

再如《阿房宫赋》开篇几句的吟诵：

六王毕—，四海一——，蜀山兀—，阿房出——。覆压三百余里—，隔离天日—。骊山北构而西折—，直走咸阳——

在诗词诵读或吟唱时，其效果更为明显，因为它将古诗词的韵字拖了长音，古诗词双数字的平声字拖了长音，特能表现古诗词延宕悠然，收放自然的韵味。

四、平仄跌宕（字调）

吟诵另一个要则，就是"平仄跌宕"。中国的诗词，讲究吐字、节奏和句调的要则以外，还有一个就是字调的要则：尤其在格律诗形成之后，更有了严格的平仄要求。诗人的创作也按照严格的平仄规定，斟酌字句。那么吟诵时势必要将这种字调上的特点，充分表现出来。

"平仄跌宕"的基本要求，就是"平长仄短"。也即平声字音长，仄声字音短，仄声字中的入声字，则格外地短促。如此吟诵，就会体现出格律诗音高音低、音长音短的规律性变化，呈现吟诵音调的韵律之美！

试看罗隐《蜂》的平仄规律：

不论①平地与山尖，无限风光尽被占。采得百花成蜜后，为谁辛苦为谁甜？
　　—　　｜　—　　｜　—　　｜　　　—　　｜　—　—　｜

（注："—"表示平，"｜"表示仄。下同。）

试看白居易《池上》的平仄规律：

小娃撑小艇，偷采白莲回。不解藏踪迹，浮萍一道开。
—　　｜　　｜　—　　　｜　—　　—　　｜

在格律诗中，这种平仄规律，主要体现在每句诗的双数字（五言诗的2、4字和七言诗的2、4、6字）。这种发音"长短"变化的规律，在绝句中是2、3两句对应相同；1、4两句对应相同。（请看上文例诗）有了这样的发音长短的规律，就有了一种特定的音韵变化。

其实，这种字调上的音韵变化，也让诗词的节奏感愈加明显。因为每两个字，就是诗歌发音的一个"音步"，一般说来，双数字就是那个"音步"的底字，明显的长、短音变化，就凸显了一个个"音步"，也即凸显了诗词的节奏。所以也有人把这种字调上的变化，归之于诗词的节奏变化。

那么，这种"平长仄短"的变化，在格律诗形成之前的古体诗中，有没有呢？

----

① "论"字在《平水韵》中，属上平声十三"元"部韵，不是去声。

18

其实,诗词的格律形成是一个渐进的过程,只是在唐代之前,这种平长仄短的局部变化,虽也存在,但并不严格。

试看曹操的《观沧海》:

东临碣石,以观沧海。水何澹澹,山岛竦峙。
— | — | | — — |

树木丛生,百草丰茂。秋风萧瑟,洪波涌起。
| | — | — | — — |

日月之行,若出其中;星汉灿烂,若出其里。幸甚至哉,歌以咏志。
| | | | | | | — | |

不难看出,全诗 14 句中有 8 句的平仄,也是相应的。

试看《诗经·关雎》:

关关雎鸠,在河之洲。窈窕淑女,君子好逑。
— — | — |

参差荇菜,左右流之。窈窕淑女,寤寐求之。
— | | — |

求之不得,寤寐思服。悠哉悠哉,辗转反侧。
— | — |

参差荇菜,左右采之。窈窕淑女,琴瑟友之。
— | | —

参差荇菜,左右芼之。窈窕淑女,钟鼓乐之。
— | | |

该诗总共 20 句,除了 5 句外,15 句的平仄也都是相应的。《诗经》是中国最古老的民歌体诗歌,足见平仄的音韵格律,已显雏形。

其实这种平仄相对或相应的组词现象,在汉语的语汇中,屡见不鲜。譬如成语中,这样的平仄结构,就不胜枚举。

例如:

扶正怯邪	精彩纷呈	别出心裁	粗茶淡饭	大器晚成
—	—				
刀枪不入	风驰电掣	丢三落四	多谋善断	出师未捷
				—
翻来覆去	扶危济困	坚不可摧	苛捐杂税	猝不及防
—	—	—			

(注:"出""入""掣""捷","落""覆""不""猝"等皆为入声字。加点字为影响诵读节奏的音步底字,浓黑字则不影响节奏。)

总之,中国古诗词中的这种"平仄跌宕",这种"平(声字)长仄(声字)短入(声字)最短"的语音现象,也让吟诵的节奏、音乐结构显得更加明显,更加协和,形成了中国古诗词重要的音韵特色。

五、古今字音

(一) 关于古音

吟诵古诗词的字音,究竟用什么音? 有的说,该用诗文所处时代的字音;有的则说,应该用现代普通话字音。前者的理由是,只有用相应时代的语音,才能准确表达该诗文的音韵特色和准确表达诗情辞意。后者的理由是,现代人用现代普通话语音,才能为全国各地的人们所接受、吟诵的推广普及,才能走得更远。

于是乎,网上出现了所谓唐音、宋音吟诵的录音。也有的为了鉴别字音的正误,争执不下。在中小学教材中,也常常有一些字音的拿捏不定,给教学带来一定的干扰和负面影响。

其实,由于科学技术条件的限制,古代并无录音设备,所以,所谓的唐音、宋音,都不太靠谱。即便某些字音,经过专家的研究和发掘,可以初定为某个朝代的古音,但是否完全贴切,亦未可知。

语言三要素(语法、语汇、语音)中,语音是最不稳定的要素,也是最容易变化的要素。仅以唐代几百年的历史为例,初唐、盛唐、中唐、晚唐各个阶段的语音变化,一定很大。由此可见,所谓的唐音、宋音,乃至元音、明音,其可靠性,值得质疑!

纵使某个字音确乎为某朝代的语音,若是完全遵循当时的古音去吟诵,也会给今天的流传,带来很大的困惑。

今以唐代金昌绪的《春怨》为例:

打起黄莺<u>儿</u>,莫教枝上<u>啼</u>。啼时惊妾梦,不得到辽<u>西</u>。

其中画线的"儿""啼""西"三字,按现代普通话发音,"儿"字显然不与"啼""西"同韵。而在《平水韵》《佩文韵府》中,"儿"字属于"支"部韵,"啼、西"则属于"齐"部韵,这两个韵部可以互相通用。所以,它们在诗词中,可以当作同一韵部的韵字使用。若用上海方言发音,这三个字同韵无疑。借此推断,按古音,它们属同韵字。

可是,今天吟诵此诗,不必苛求古音。理由是普通话中的"儿"字,不宜发成[ní](尼)音。若强求古音,反而使人莫名所以,影响品赏。即便用沪语吟诵,"黄莺儿"三字,发成[huáng][yīng][ní]之音,虽则听来与"啼、西"通韵,但也不合上海人的语言交流习惯,表达效果会大受影响。

当然,也不一概拒绝古音。譬如北朝乐府民歌《敕勒歌》:

敕勒川,阴山下。天似穹庐,笼盖四野。天苍苍,野茫茫。风吹草低见牛羊。

其中的"下"和"野",在普通话中,并不押韵,但将"野"字换成古音[yǎ],吟诵起来,就显得非常顺畅一致了。

又如陈子昂的《登幽州台歌》:

前不见古人,后不见来者。念天地之悠悠,独怆然而涕下。
将"者"字读成古音[zhà],就与"下"字同韵。

再譬如李白的《赠汪伦》与《早发白帝城》:

李白乘舟将欲行,忽闻岸上踏歌声。桃花潭水深千尺,不及汪伦送我情。
朝辞白帝彩云间,千里江陵一日还。两岸猿声啼不住,轻舟已过万重山。

这两首诗都有一个"白"字,究竟该念[bái]还是念古音[bè](也有念古音[bó])呢? 前者应该念[bè](或[bò]),后者念[bái]。理由如下:

在"李白乘舟将欲行"中,"白"字是首句的一个音步底字,即它是双数字,是讲究平仄格律的关键字。试看,将它念成[bè](或[bó])音(入声字音)那么这两句就平仄相对而合格律要求了:

李白乘舟将欲行,忽闻岸上踏歌声。
　｜　—　｜　　　—　｜　—

在"朝辞白帝彩云间"中,"白"是单数字,非音部底字,它的读音不影响

21

平仄格律,就可以按现代语音吟诵。

由此可见:在格律诗的吟诵中,影响音韵格律的关键字,如"音部底字"(双数字),押韵字,可以尽量发古音(或者借鉴古老方言语音发音)。但是非关键字,则不必强求古音。在中小学教学中,主要还是按普通话发音为好。即便因此出现押韵字似乎不同韵母的现象,只要认识到古音同韵即可。今天的吟诵,还是遵循"吟者适合,闻者易懂"的要求为好。

譬如白居易的《池上》:

小娃撑小艇,偷采白莲回。不解藏踪迹,浮萍一道开。

其中的韵字"回"和"开"字,用普通话发音,二者不同韵,但是,鉴于两字为常见字,为了"易懂",可以照发[huí]和[kāi]音,不过可以向学生说明,在古音中,它们同属一个韵部。

总而言之,今天的吟诵之音,基本上以现代汉语的普通话语音为主,但对于涉及诗词音韵格律规则的关键字(双数字、押韵字),须谨慎选用,辩证对待古音,一切服从于诗情辞意的准确传达。

综上所述,只有遵循了吐字(饱满)、节奏(鲜明)、句调(拉腔拉调)、字调(平仄跌宕)古今字音等诸要则,那才是完整意义上的吟诵。

练习

一、吐字练习:请按"吐字饱满"的要求,诵读下列诗词。

1.《静夜思》

床前明月光,疑是地上霜。举头望明月,低头思故乡。

准确朗读下列字音,注意归韵到位:

床[ch—u—ǎ—ng] 月[y—u—è] 前[q—i—á—n] 霜[sh—u—ā—ng]

2.《敕勒川》

敕勒川,阴山下。天似穹庐,笼盖四野。

天苍苍,野茫茫。风吹草低见牛羊。

22

准确朗读下列字音,注意归韵到位:

川[ch—ū—a—n]　下[x—i—à]　穿[q—i—ó—ng]　天[t—i—ā—n]

吹[ch—u—ī]　　　见[j—i—à—n]　牛[n—i—ú]

3.《惠崇春江晓景》(宋·苏轼)

竹外桃花三两枝,春江水暖鸭先知。蒌蒿满地芦芽短,正是河豚欲

上时。

准确朗读下列字音,注意归韵到位:

外[w—à—i]　两[l—i—ǎ—ng]　江[j—i—ā—ng]　水[sh—u—ǐ]

暖[n—u—ǎ—n]　短[d—u—ǎ—n]　豚[t—ú—n]

4.《天净沙·秋思》(元·马致远)

枯藤老树昏鸦,小桥流水人家。古道西风瘦马,夕阳西下,断肠人在

天涯。

准确朗读下列字音,注意归韵到位:

藤[t—é—ng]　昏[h—ū—n]　桥[q—i—á—o]　家[j—i—ā]

阳[y—á—ng]　断[d—u—à—n]　肠[ch—á—ng]

二、朗读艾青《假如我是一只鸟》和文天祥《过零丁洋》,感受其节奏的
差异。

假如我是一只鸟
艾　青

假如我是一只鸟,

我也应该用嘶哑的喉咙歌唱:

这被暴风雨所打击着的土地,

这永远汹涌着我们的悲愤的河流,

这无止息地吹刮着的激怒的风,

和那来自林间的无比温柔的黎明……

——然后我死了,

连羽毛也腐烂在土地里面。

为什么我的眼里常含泪水?

因为我对这土地爱得深沉……

过零丁洋

文天祥

　　辛苦遭逢起一经,干戈寥落四周星。山河破碎风飘絮,身世浮沉雨打萍。

　　惶恐滩头说惶恐,零丁洋里叹零丁。人生自古谁无死,留取丹心照汗青。

三、试诵读《龟虽寿》(汉·曹操)和《诗经·蒹葭》,练习平长仄短的音韵规律。

龟虽寿

曹　操

　　神龟虽寿,犹有竟时。腾蛇乘雾,终为土灰。老骥伏枥,志在千里;烈士暮年,壮心不已。盈缩之期,不但在天;养怡之福,可得永年。幸甚至哉,歌以咏志。

蒹　葭

(《诗经·秦风》)

蒹葭苍苍,白露为霜。所谓伊人,在水一方。
溯洄从之,道阻且长。溯游从之,宛在水中央。
蒹葭凄凄,白露未晞。所谓伊人,在水之湄。
溯洄从之,道阻且跻。溯游从之,宛在水中坻。
蒹葭采采,白露未已。所谓伊人,在水之涘。
溯洄从之,道阻且右。溯游从之,宛在水中沚。

四、标出文天祥《过零丁洋》双数字的平仄,并诵读以体会其格律特点。

辛苦遭逢起一经,干戈寥落四周星。山河破碎风飘絮,身世浮沉雨打萍。
　｜　　—　　｜　　　—　　　—　　｜　　—　　｜　—　　｜

惶恐滩头说惶恐,零丁洋里叹零丁。人生自古谁无死,留取丹心照汗青。
　｜　　—　　—　　　｜　　　—　　｜　　—　　｜　—　　｜

五、请斟酌下列诗句中,画线字的读音。

1.门前冷落车马稀,妆成每被秋娘妒。　　　　　　　　　　　(　　)

2.俄顷风定云墨色,秋天漠漠向昏黑。　　　　　　　　　　　(　　)

24

3. 远上寒山石径斜，白云生处有人家。　　　　　　（　）（　）
4. 前不见古人，后不见来者。念天地之悠悠，独怆然而涕下。（　）
5. 国破山河在，城春草木深。感时花溅泪，恨别鸟惊心。（　）（　）
烽火连三月，家书抵万金。白头搔更短，浑欲不胜簪。　（　）（　）
6. 李白乘舟将欲行，忽闻岸上踏歌声。桃花潭水深千尺，不及汪伦送我情。　　　　　　　　　　　　　　　　　　　　（　）（　）
7. 四十年来家国，三千里地山河。凤阁龙楼连霄汉，玉树琼枝作烟萝，几曾识干戈？　　　　　　　　　（　）（　）（　）（　）
一旦归为臣虏，沈腰潘鬓销磨。最是仓皇辞庙日，教坊犹奏别离歌。垂泪对宫娥。　　　　　　　　　　　　　　　（　）（　）（　）

六、对于贺知章的《回乡偶书》中"乡音无改鬓毛衰"的"衰"的读音，历来有不同的意见如下，请发表你的看法。

有人认为：根据《辞海》所言"衰"字的两种读音和意义：

一读[shuāi]指衰落；二读[cuī]，①依照一定的标准递减。②通"缞"，指古代麻布制成的丧服。此处应指鬓发衰落、减少。故应该念[cuī]。

也有人认为应当读[shuāi]。理由之一：是读[cuī]音，指的是麻布制成的丧服，显然与诗意不符。理由之二：读[shuāi]，指的是衰老、衰落，人老时鬓发疏落变白。理由之三："衰"与"回""来"不押韵，但在上古音韵"回""衰""来"同属于"微"部韵。如果念[shuāi]，那么，2、4 两句的尾字"衰"和"来"字同韵。即便"回"字的现代读音不押韵（首句尾字可押可不押韵），也无伤大局。

附件

古今音问题

"古代韵文体朗诵，如何处理古、今音的差异？……用普通话朗诵有时会因古今音的不同而破坏了原诗韵律的完美。这是一个自古以来长期存在的老问题，汉语自古就有文字语言和有声语言两大系统，有声语言又有通语和方言，彼此相互依存但又不完全对应。为了方便各地交流，六朝以后历代朝廷都要颁布全国通用标准读音的韵书，由于中国历史悠久、幅员广大，所以官方韵书也要兼顾古今音和方言，因而古人在创作中也会碰到今音与古音、通语与方言不尽相同的问题。……由此可见格律化韵文的古今音问题自古以来就存在。诗文创作重在文意，格律固然重要，但毕竟不是根本，所以古人提出'不以律害意'，创作如此，诵读更是如此。诗文朗诵的根本目的

在向听众传达诗文的意义,从有声语言的当下性出发,今天的古诗文朗诵也应一律用今音而无须刻意追求古音。只有在诗文的韵脚字上出现古今音的差异而影响到协(叶)韵,可以采用古音……"(摘自李昌集主编的《中华吟诵读本》[高中版],中华书局出版2017年6月北京第一版)

韵字问题

"押韵,是中国诗词(也包括部分散文、辞赋)形式上的一个特色。沈德潜在《说诗晬[zuì]语》中说:'诗中韵脚,如大厦之有柱石,此处不牢,倾折立见'。……押韵,古代也称'叶(读若'协'。谐也)韵',就是让同韵的字有规律地出现在诗词的每句、或隔句(甚至相隔数句)指定位置(一般在句尾),吟诵时产生回环和谐前呼后应的音乐之美。"(摘自张本义的《吟诵拾阶》)

注解:
① "论"字在《平水韵》中,属上平声十三"元"部韵,不是去声。

第四讲
吟唱之调

　　吟诵之调，指的是吟诵的"腔调""曲调"（或者说"声律格调"）。相对于"诵读"来说，"吟唱"的腔调（曲调）更为引人关注。因为"诵读"的腔调稍微简单，没有太大的旋律变化，而吟唱则不然。

　　中国地域广阔，方言种类繁多。即便同一个吴方言区，就有南京、常州、常熟、扬州、无锡、苏州、上海等多个方言地区。即便他们前后相邻，其方言差别也不小。甚而至于，在同一地区的上海，南面的金山、松江地区，与市中心地区，乃至北面的嘉定、宝山地区，语言交流也有障碍，因为其差别不容小觑。正是因为地区方言差别很大，而传统吟诵又大都用以方言，于是，各种方言的吟唱曲调，自然不尽相同，有的甚至差别迥异。

　　在推广普通话（国语）吟诵的今天，人们非常希望有一个统一的普通话（国语）吟唱调。然而，这个愿望，在今后很长的一段时期还难实现。因此，当前还得在承传传统方言吟诵调的同时，让传统方言吟唱调，向普通话字调、句调靠拢，将它修复成普通话吟唱调。与此同时，还应积极认真开发原创的普通话吟唱调。

　　既然如此，明确吟唱腔调的基本要求，则是当务之急，否则就会乱象丛生。

　　那么，有哪些基本要求呢？

一、因语行调，依字行腔

"因语行调"的意思，就是吟唱腔调，因吟唱用语之异，其调也异，其吟唱音乐旋律的走向，应和其用语紧密相关。

且看用吴方言吟唱的《回乡偶书》第一句：

$$\underline{3}\ \underline{3}\ \underline{2}\ 1\ \cdot\ \underline{2}\ 3\ 1\ —\ |\ \underline{\dot{6}}\ \underline{5}\ \cdot\ \underline{1}\ \underline{1}\ \underline{0}\ \underline{\dot{6}}\ \underline{\dot{5}}\ \underline{\dot{5}}\ \dot{3}\ \cdot\ |$$

少小 离家　老大 回　　乡音　无改　　鬓毛 衰

（注：）

如果用普通话吟唱，就要微调于下：

$$\underline{3}\ \underline{1}\ \underline{2}\ \underline{32}\ 3\ \cdot\ \underline{1}\ \underline{2}\ \underline{5}\ 3\ \cdot\ |\ \underline{\dot{6}}\ \dot{6}\ \cdot\ \underline{1}\ \underline{3}\ \underline{5}\ \underline{\dot{6}}\ \underline{35}\ \underline{16}\ \cdot\ |$$

少小　离家　老大 回　　乡音　无改　　鬓毛 衰

普通话中"小"字的第三声弯曲调非常明显，故将它的旋律相应地做了修改。同样，"乡音无改"的"改"字，也作了弯曲调的修改。此外"鬓毛衰"本是比较平直的旋律，修改时也突出了"鬓毛"两字的弯曲旋律。

其实这种修改，也应验了"依字行腔"的要求。有时候，即便同一种方言，因为不同地区方言的细微差别，吟唱的时候也要做微调，才能使吟唱顺应文字的流畅的发声，才能使人清楚地辨识诗词的文字。

例如同为上海沪语，用上海宝山区罗店方言吟唱的《枫桥夜泊》的首句：

$$\underline{5}\ \underline{5}\ \underline{1}\ 5\ \cdot\ \underline{1}\ \underline{6}\ \underline{1}\ 0\ |$$

月落 乌啼　霜满 天

改用上海中心地区的沪语吟唱，就应微调如下：

$$\underline{5}\ \underline{5}\ \underline{1}\ 5\ \cdot\ \underline{1}\ \underline{356}\ 1\ —\ |$$

月落 乌啼　霜满　天

在宝山罗店地区的方言里，"满"字读音比较短促，而上海中心区的沪语中，它是明显的弯曲调，所以要做弯曲旋律的修改。

又如粤语吟唱的曲调，受到地方戏曲粤剧的影响，它的吟唱旋律，就有粤曲的味道，改用普通话吟唱，就要有比较大的修改。否则，听起来就不伦不类，不容易借助音乐旋律，去辨识文字。

其实，古人创作诗词的过程，也是一个哼吟斟酌的过程。唐代诗人贾岛曾有"两句三年得，一吟双泪流"①的诗句，唐诗人卢延让也有"吟安一个字，捻断数茎须"②的诗句，杜甫更有"新诗改罢自长吟"③的名句，都是明证。

因此，必须强调：任何一种吟唱曲调，首先应该服从于诗文的内容，服从于它的诗情辞意。而且，一种吟唱曲调的产生，应该是从反复诵读中形成，吟唱曲调的音乐旋律走向，应该和诵读的字调、句调走向协调一致，这是原创吟唱曲调尤其应当遵循的要则。

这就是"因语行调，依字行腔"。一言以蔽之：什么用语，行什么腔调（曲调）。

二、传统吟唱基本调的恰当运用

综上所述，全国各地的吟诵调，必然是缤繁纷呈。那么，初学者也一定会感到吟诵调繁多，无所适从，从而产生畏难情绪。于是，渴求入门者常常希望有一条捷径——掌握一两种基本吟诵调，就能套用于所有的古诗！

诗、文体裁、结构迥异，其调当然不一。

单就散文而言，篇幅有别，主旨有异，情感也不一，诵读、吟唱的旋律自难统一。再加上用语之异，统一也难。但是，因为散文基本上没有明显的音乐旋律，或者说音乐旋律相当简单，所以，某种基本调可以总揽较多的文章。譬如，国学大师、交通大学原校长唐文治先生④的"唐调"，就比较突出地表现在一个段落，一个句群的结尾处，有一个拖着长音的音乐旋律，姑且称之为"尾调"：[2 1 6 1 2 1 6 5·]。多数文章可以照此处理。但文有"阴柔、阳刚"之别，其诵读调也不能千篇一律，要有相应的微调。

就诗词而言，即便字数、句数、平仄格式都有严格规定的格律诗，也难统一。那么，同一个曲牌的词，同一类的格律诗，是不是有同一种基本的吟唱

调呢?

在传统吟唱中,确有"基本调"的说法。它的意思就是说,同一类诗词,可以用同一个基本调去吟唱。简言之:"一调千诗!"但是,基本调的运用,不应该是照搬、照套,而应该就诗情辞意和音韵特点,作适当的微调,以便于提高表达的效果。这就是"一调千诗"的难点之一。

试介绍一些五、七言绝句的基本调如下:

叶嘉莹⑤五言吟诵调(平起仄收调)

6 6 1 6 1 6 5　6 0 0 | 6 6 2　7 0　6 7 6 · 5 — |
× ×　× ×　×　× ×　×　× ×　×

3 3 2　3 3 2　3 — | 1 · 2　7　6 7 6　5 — |
× ×　× ×　×　× ×　× ×　×

江南无名氏五言吟诵调(平起仄收调)

3 5 · 5　3 0　3 2 · | 3 1 0　2 3　3 2 · |
× ×　× ×　× ×　× ×　× ×　× ×

1 6　0 1　3 2 1　6 · | 1 2 ·　1 6　6 5 · ‖
× ×　× ×　×　× ×　× ×　× ×

胡邦彦⑥七言吟诵基本调[镇江方言官话](平起仄收调)

6 6 · 6　1 0　1 6 5　6 0 0 |
洞房　昨夜　停红　烛

1 1 · 2 5 ·　5 5 ·　6 5 3 · |
待晓　堂前　拜舅　姑

5 5 ·　5 5 3　2 1 5 ·　1 3　1 2 0 |
妆罢　低声　　　问夫　婿

5 3 5　2 1 6　5 — 1 2 0　2 1　2 1 6 5　5 — ‖
画眉　　深浅　入时　　无

陈少松⑦吟唱刘季高⑧七言吟诵调（仄起平收调）

```
3 0 3 0 3 2 3  1 —  6· 1  2 3  2· |
月   落   乌   啼   霜   满   天

2 1  6  5  6 5 6  0  2  5 6  5 — |
江 枫   渔   火   对   愁   眠

6· 6 5 6  1 1  0 6 1  2· 3  1  6 5  6  0 5 6 |
姑 苏    城 外   寒   山    寺

1 1 2  1 6 5  3 2 3  5  6 5  2 3 2 1  1 — ‖
夜 半   钟 声   到    客    船
```

三、传统吟唱调和今人原创吟唱调，并行不悖

传统吟唱调和今人原创吟唱调的主要区别何在？主要区别在于曲调有无源头。

传统吟唱调，是指来自私塾或家教传授的吟诵调，它是有渊源的，承载着传统文化基因的吟唱调。上文所述的"基本调"，大都是指来自师传或家教的传统吟唱调。

而今人原创吟唱调，则来自现代人作曲或学者自己揣度的吟唱调。它应该是原创者在反复品味、诵读诗文，基本把握诗情辞意后，"因语行调，依字行腔"的结果，它是讲究音韵格律，遵循吟诵基本要则，体现诗文韵律特点的原创曲调。它与那些音乐人、专业作曲家为诗词谱写的曲调，有着原则的区别：前者以辞为主，其音乐旋律为表达诗情辞意服务，重的是文学性；后者则以乐为主，尽可能实现最美听的音乐效果。它不太讲究诗词的音韵规律，而重的是音乐性。

当下提倡的继承传统，当然包括继承传统的吟诵调，也包括继承吟诵的传统——即古诗文有声阅读传统。所以，传统吟唱调和原创吟唱调，在继承传统文化的热潮中，二者应并行不悖。

四、诸多曲调,择善而从

一旦步入吟诵之门,徜徉在吟诵的长廊,就会发现琳琅满目的各种吟诵调,"眼花缭乱",面临着一个"选择"的问题。"择善而从"不失为选择的一个原则。

那么,"善"的标准是什么呢？其实,"善"的标准就是贴近诗情辞意,贴近学习者实际的吟诵腔调。

譬如,对于北方人来说,选择国语吟诵调或者北方的官话方言吟诵调,远胜于选择南方的粤语、闽语、吴语吟诵调;对于吴方言区的江南人来说,粤语、闽语吟诵调也不太适合。而选择本方言吟唱调、国语吟诵调或部分官话方言吟诵调,也可能比选择闽语、粤语吟诵调更为适当。当然,对于粤语、闽语抑或湘、鄂方言地区的人们来说,除了选择本方言吟唱调和普通话吟唱调外,也不必苛求其他方言吟唱调。

但是,有的所谓"吟诵",完全不顾及音韵格律要求,甚至是远离诗情辞意的胡歌乱唱,就要坚决抵制或摈弃！

最值得提醒的就是不能将吟唱调的音乐旋律是否动听悦耳作为唯一或者主要的标准,而是应该将合乎诗情辞意作为首要的标准。

提倡吟诵古诗文而反对歌唱古诗文,并不可取,反之亦然。应提倡二者的并行不悖,但绝对不能将二者混为一谈！吟诵就是吟诵,歌唱就是歌唱。当然,应该提倡健康的吟诵、歌唱、戏唱！

练习

一、一诗多调和一调多诗的聆听练习。

1. 聆听范敬宜和刘丽吟唱的晏殊《浣溪沙》(一曲新词酒一杯)比较鉴别其异同。

2. 聆听文怀沙、彭世强和于文华吟唱的《诗经·黍离》,比较鉴别其异同。

3. 聆听吕君恺、彭世强吟唱杜甫《茅屋为秋风所破歌》比较鉴别其异同。

二、基本调套用练习。

1. 试用叶嘉莹五言绝句基本调,吟唱王维《竹里馆》,体验如何微调运用基本调。

独坐幽篁里，弹琴复长啸。深林人不知，明月来相照。

2. 试用胡邦彦七言绝句基本调，吟唱朱庆余的《近试上张水部》和李白的《望庐山瀑布》，体验如何微调运用基本调。

日照香炉生紫烟，遥看瀑布挂前川。飞流直下三千尺，疑是银河落九天。

3. 试用刘季高七言绝句基本调，吟唱刘禹锡《浪淘沙》。

莫道谗言如浪深，莫言迁客似沙沉。千淘万漉虽辛苦，吹尽狂沙始到金。

注解：

① 贾岛诗《题诗后》："两句三年得，一吟双泪流。知音如不赏，归卧故山秋。"

② 卢延让诗《苦吟》："莫话诗中事，诗中难更无。吟安一个字，捻断数茎须。险觅天应闷，狂搜海亦枯。不同文赋易，为著者之乎。"

③ 杜甫诗《解闷十二首·其七》："陶冶性灵存底物，新诗改罢自长吟。熟知二谢将能事，颇学阴何苦用心。"

④ 唐文治：(1865—1954)，字颖侯，号蔚芝，晚号茹经，清同治四年 (1865) 十月十六日生于江苏太仓，民国元年 (1912) 定居无锡。交通大学第十一任校长、著名教育家、工学先驱、国学大师。唐文治自幼攻读经书，后又潜心研读性理之学、古文辞以及训诂之学。

　　1920 年 11 月，因目疾而辞去交通大学校长之职，后创办无锡国学专修馆 (后改名为国学专修学校)，以培养国学人才，保存祖国文化为宗旨，亲自讲授国学经书。即便双目几乎失明，还坚持为学生传授吟诵，他的吟诵传承者甚众，其调被称为"唐调"。

　　1954 年 4 月在上海病逝，终年 90 岁。著作有《茹经堂文集》《十三经提纲》《国文经纬贯通大义》《茹经先生自订年谱》等。

⑤ 叶嘉莹：1924 年 7 月出生于北京的一个书香世家，南开大学中华古典文化研究所所长，博士生导师，加拿大籍中国古典文学专家，加拿大皇家学会院士。曾任台湾大学教授、美国哈佛大学、密歇根大学及哥伦比亚大学客座教授、加拿大不列颠哥伦比亚大学终身教授，并受聘于国内多所大学客座教授及中国社会科学院文学所名誉研究员。2012 年 6 月被聘任为中央文史研究馆馆员。2008 年 12 月，叶嘉莹荣膺首届"中华诗词终身成就奖"，2013 年 10 月，荣获"中华之光——传播中华文化年度人物奖"。

⑥ 胡邦彦：(1915—2004)，字文伯，文字学家。江苏镇江人，曾在无锡国学专修学馆肄业，师从唐文治。1939 至 1941 年任教于复旦大学。1963 年调

任上海教育出版社文科编辑。退休后,先后在华东师范大学和上海师范学院古籍整理研究所任教,1987 年应邀为美国普林斯顿大学和纽约大学访问学者。

⑦ 陈少松:南京师范大学中文系教授,中华吟诵学会专家委员会成员。2002 年 1 月出版《古诗文吟诵》一书,是吟诵界最早正式出版的吟诵专著。并在高校长期坚持开设吟诵课,在全国颇具影响。

⑧ 刘季高:(1911—2007),号山翁,江苏镇江人,已故复旦大学中文系教授,诗人,书法家。

第五讲
吟诵之『语』

从吟诵的历史来看，吟诵用语有通语和方言两类。在今天，便是普通话吟诵和方言吟诵两类。二者的并行不悖，与我们祖国地域辽阔、民族繁多的国情有关。许多地区流传至今的传统吟诵，多为方言用语。

自秦以来的历朝历代，都有官方规范而流通全国的的统一语言——"通语"，即为有别于平时的生活用语（口头语言）的"官话语言"（或称"书面语言"）；今日之"通语"，即为"普通话"（或称"国语"）。

但是还有一种介于"普通话"（书面语言）"方言"之间的语言——"方言官话"，它就是一种带着浓重方言音的不标准"普通话"。许多耄耋老者吟诵时，常用这种"方言官话"。

那么，吟诵用语，究竟应该运用方言还是"普通话"呢？结论应该下在了解"方言吟诵"和"普通话吟诵"之后。

一、方言吟唱和诵读

方言吟诵，顾名思义，那就是用方言吟唱或诵读。这种吟诵有着浓郁的方言韵味。

方言吟唱的曲调旋律，又有着明显的地域特征——深受该地域的戏曲、民歌、曲艺影响的音乐旋律。例如著名粤语吟诵专家吕君忾先生的粤语吟唱曲调,极富粤剧曲调风味;已故台湾师大教授王更生先生的吟唱曲调,就明显蕴含河南豫剧的音乐要素。上海师大附中退休教师彭世强和弟子刘丽合作吟唱的林逋的《相思令·吴山青》、杜牧的《清明》,都不乏沪剧音乐要素。这种乡音旋律承载的古诗文,令乡音地域的人们,更加容易接受。

方言诵读,虽然没有明显的音乐旋律,但有明显的方言地域特色。特别像粤语一类的古老方言,它拉腔拉调的发声,格外显现古诗文的韵味。而任何一种方言诵读,都能够产生一种地域群体聚合的心理效应——诵者、听者,因方言相通而惺惺相惜,亲切有加。如果用契合作者或者听者的乡音诵读,这种情感效应就愈加明显!

著名配音艺术家曹雷老师,曾在镇江地区的一场演出中,用苏北方言诵读《诗经·伐檀》,也在山东青岛展示过青岛方言诵读的《诗经·伐檀》,听者反应极其强烈,他们惊讶于上海来的曹雷老师,居然能用当地方言诵读!于是,曹老师的声音,带着经典的诗歌内容,融入了他们的心灵!

曹雷老师曾深有体会地提及:这篇《伐檀》,就是当年两位中学语文老师的方言诵读,让她牢牢地记住了这首诗歌。六十年之后,她依然能够张口就来地用方言流畅背诵。

二、普通话诵读和吟唱

承上所述,普通话吟诵便不难理解。普通话是以北方语言为基础音,它的优势在于能够在全国各地流通。然而,由于语音的演变,古今音有了很大的差异,普通话里失去了"入声"字,那些流失到"阴平""阳平"两声中去的入声字,在古诗词的吟诵中,若照平声字吟诵,就容易丢失诗词原有的音韵之美。

例如李白的《赠汪伦》,用普通话吟诵,忽略那些转变为平声的入声字,就破坏了原诗的很匀称的平仄结构,详见图示如下(平声符号为"—",仄声符号为"丨")。

原诗的平仄图示

李白乘舟将欲行,忽闻岸上踏歌声。桃花潭水深千尺,不及汪伦送我情。
丨 — 丨 — 丨 丨 — 丨 — 丨 — 丨

普通话的平仄图示

李白乘舟将欲行,忽闻岸上踏歌声。桃花潭水深千尺,不及汪伦送我情。
— — | — | | — | — | | |

但是,普通话吟诵入声字缺失的局限,并非不能克服。吟诵者完全可以逐步辨识流入平声中去的入声字,在吟诵的时候,适当地调整这些字的发音。调整的方法之一,就是借鉴戏曲韵白,也可以借鉴南方方言的发音,加以调整。

又如杜甫的《望岳》最后两句的平仄发音图示如下:

原诗的平仄　　　　　　　　普通话的平仄
会当凌绝顶,一览众山小。　　会当凌绝顶,一览众山小。
— | | | —　　　　　　　 — — | —

其中的"绝"字,是入声字,但普通话中,成了阳平声,可以借鉴上海方言"绝"字的短促发音(xiè),鉴定它为入声字,然后再发短促的音(juè),同样可以收到平仄和谐的效果。

三、方言吟诵、普通话吟诵和方言官话吟诵

总有人以为方言吟诵和普通话吟诵,水火不容,难以共存。于是有人主张吟诵必须要用方言,才能尽显吟诵之魅力;可也有人主张唯用普通话吟诵,才能让其走得远,推得广。

孰是孰非,争议不断!

纵观吟诵的历史发展过程,自打进入近现代社会之后,方言吟诵和普通话吟诵(国语吟诵)已然形成双轨,并发展成"合作共赢"的吟诵局面,这是历史的必然!

值得一提的是,虽然方言吟诵随着许多地区方言的萧条、衰落,值得恢复和提倡。但是,这并不能成为排斥普通话吟诵的理由,因为方言语音的局限性,导致传播地域的受限,也是不争的事实。而普通话(国语)吟诵,传播地域广泛,是它的长处。当然,方言吟诵的地域传播的亲和力,又是它的特

殊魅力。

如何找到二者的结合点呢？或者说使二者"合作共赢"的基础何在呢？

它的基础就在于"方言官话吟诵"的客观存在！

纵观汉语历史发展的现实，由于政治、经济、文化交流的需要，不仅历来就有"国语"（有称"通语"）和"方言"的并存，而"方言官话"也同时出现。它是一种带着浓重方言口音的"国语"（通语），存在于官方场合和其他各种正规场合的交流之中。

有鉴于此，今天的"方言吟诵"也在向"普通话（国语）吟诵"靠拢，并出现了"方言官话吟诵"。

许多耄耋老者的吟诵，有的固然是纯粹的"方言吟诵"，但很多却是带着浓重方言味的所谓"普通话吟诵"，它就是"方言官话吟诵"（即便吟诵者自称是"普通话吟诵"）。仅以至今影响最大的"唐调"吟诵为例，其创始人唐文治先生，原籍太仓，但是研究者发现，他的吟诵远非纯粹的太仓方言，而是带有浓厚太仓和其他地域方言味的"官话吟诵"，也即"方言官话吟诵"。

必须指出的是，非官话方言区人们的"普通话吟诵"虽然也难免地略带方言痕迹，但仍属"普通话吟诵"，绝对有别于"方言官话吟诵"。

我们并不提倡推广"方言官话吟诵"，而是由此推断出一个结论：方言吟诵值得推广；普通话吟诵更值得推广，而"方言官话吟诵"，也不必拒绝，可任其发展。而从长计议，恐怕方言味浓厚的官话吟诵，不会成为主流。

总之，方言吟诵和普通话吟诵的长期共存，是方向，是主流，而绝非相互排斥或替代！

附件1

汉方言区的分布

官话（方言）赣粤吴

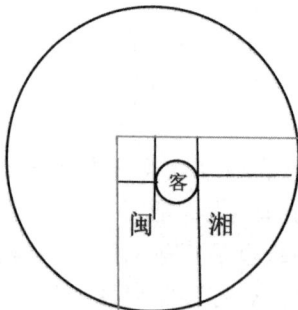

汉语七大方言区：官话方言区、赣方言区、湘方言区、吴方言区、粤方言区、闽方言区、客家方言区。

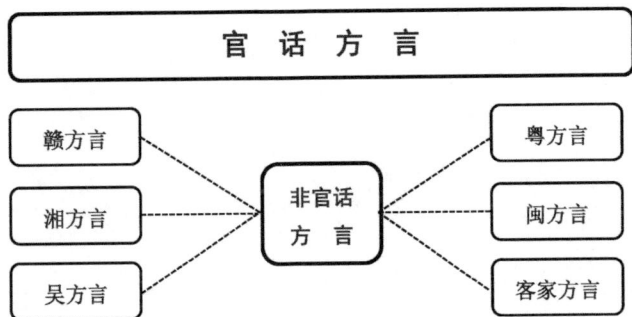

"官话方言"的使用人群，约占全国总人口的 70%，而除此以外的方言，分别有"吴方言""湘方言""赣方言""客家方言""粤方言""闽方言"，它们的使用人群，合计约占全国总人口的 30%。"官话方言"是现代汉语的基础方言，而其他方言又被称之为"非官话方言"，它才是严格意义上的"方言"，是与"通语"（普通话）语音有着很大区别的方言。

附件2

方言诵读的魅力

曹雷老师曾说："在中学时期，接触了两位语文老师，因当时尚未普及普通话，两位老师各用自己家乡方言教学生读课文。他们分别用各自方言诵读《伐檀》，一位是扬州口音的诵读，一位是山东青岛口音的诵读，结果，我就饶有兴趣地学会了这两种方言的诵读。"说完后曹老师当即流畅地背诵了山东《伐檀》和苏北《伐檀》，六十多年过去了，她的印象依然深刻。

（根据曹雷口述记录整理）

人们在"吟唱"和"歌唱""戏(曲演)唱"等概念上的混淆,很重要的原因就是分辨不清吟诵的格律要求,因此搞清楚"声律诗"的基本要求,尤显重要。

一、声律诗

声律诗,一般称之为"格律诗",它指的是到唐朝才成熟定型的一种诗体,这是一种严格讲究音律要求的新诗体。与它相对的便是"非声律诗"。二者的称呼可图示于下:

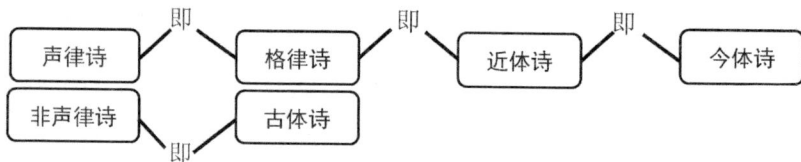

声律诗 —— 即 —— 格律诗 —— 即 —— 近体诗 —— 即 —— 今体诗

非声律诗 —— 即 —— 古体诗

所谓"律",是指"形式上排偶"和"声调上和谐"的规则。

"形式上的排偶"是指:句子数量(句数、字数)的规定;律诗中颔联(第二联)、颈联(第三联)的对偶要求等。

"声调上的和谐"是指:韵字的长音表现;平声字扬上和仄声字下抑(平长仄抑)的协调搭配,换言之,就是讲究平仄协调配合。

因此,在吟诵时,平仄声的区别、把控,是吟诵声律诗的一个要点,也是初学者的一个难点。

二、平、仄声

(一) 平、仄声指的是文字的声调(字调)

现代汉语(普通话)有四声:阴平、阳平、上声、去声。
古代汉语也有四声:平声、上声、去声、入声。
二者的变化关系图示如下:

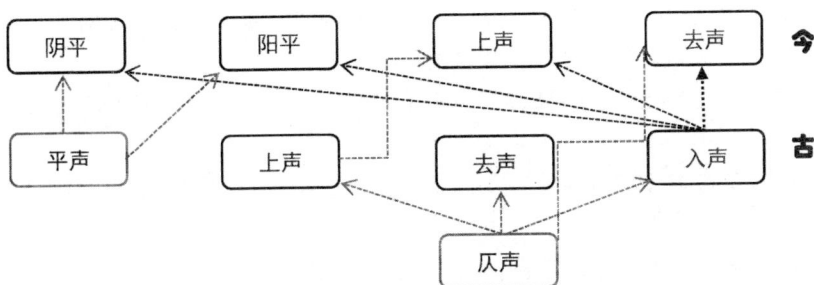

也可说古汉语只有平、仄两声调

(二) 按平仄声规律,声律诗(格律诗)的句式有以下四种

(1) 仄起仄收式:
"仄起"指的是首句第二个字是仄声字:X 仄 XXX
"仄收"指的是首句尾字是仄声字:X 仄 XX 仄
(2) 仄起平收式:依此类推,参照填写下表——
"仄起、平收":X( )XX( )
(3) 平起仄收式:
"平起、仄收":X( )XX( )
(4) 平起平收式:
"平起、平收":X( )XX( )

41

四种句式的平仄排列表：

（1）仄起仄收式：

仄 仄 平 平 仄
平 平 仄 仄 平
平 平 平 仄 仄
仄 仄 仄 平 平

（2）仄起平收式：

仄 仄 仄 平 平
平 平 仄 仄 平
平 平 平 仄 仄
仄 仄 仄 平 平

（3）平起仄收式

平 平 平 仄 仄
仄 仄 仄 平 平
仄 仄 平 平 仄
平 平 仄 仄 平

（4）平起平收式

平 平 仄 仄 平
仄 仄 仄 平 平
仄 仄 平 平 仄
平 平 仄 仄 平

（三）记住以下几条规则，推导绝句四种平仄格式

（1）句中、句间平仄有规定：

句中第 2、4 字平仄相对；

第一句（出句）的 2、4 字平仄，与第二句（对句）的 2、4 字平仄相对；

第二句和第三句的 2、4 字平仄相同。

（2）五、七言格律诗，"1、3、（5）字不论平仄，2、4、（6）字分明（必定讲究平仄）"。

（3）双句尾字押韵，韵字绝大多数为平声；首句尾字可押韵，也可不押韵。

（4）第三句尾字必定不押韵，而且必定是仄声。

（5）句末三个字，一般不能连续三个字都是平声字，即"三连平"；同样，也不能连续三个字都是仄声字，即"三连仄"。

练习

一、五言绝句平起句第 2、4 字：第 1 句：平、仄 第 2 句：（　　）、（　　）

第 3 句：（　　）、（　　）

第 4 句：（　　）、（　　）

五言绝句仄起句第 2、4 字：第 1 句：仄、平 第 2 句：（　　）、（　　）

第 3 句：（　　）、（　　）

第 4 句：（　　）、（　　）

二、根据首句，推导绝句后面的三句。

1. 仄起仄收式

仄 仄 平 平 仄 _____

2. 仄起平收式

仄 仄 仄 平 平 ＿＿＿＿＿＿＿＿＿＿＿＿＿＿＿

3. 平起仄收式

平 平 平 仄 仄 ＿＿＿＿＿＿＿＿＿＿＿＿＿＿＿

4. 平起平收式

平 平 仄 仄 平 ＿＿＿＿＿＿＿＿＿＿＿＿＿＿＿＿＿

三、鉴别下列诗歌的平仄句式。

1.《江雪》 柳宗元 （＿起＿收句）

千山鸟飞绝,万径人踪灭。孤舟蓑笠翁,独钓寒江雪。

2.《风》 李峤 （＿起＿收句）

解落三秋叶,能开二月花。过江三尺浪,入竹万竿斜。

3.《咏柳》 贺知章 （＿起＿收句）

碧玉妆成一树高,万条垂下绿丝绦。不知细叶谁裁出? 二月春风似剪刀。

4.《回乡偶书》 贺知章 （＿起＿收句）

少小离家老大回,乡音无改鬓毛衰。儿童相见不相识,笑问客从何处来。

5.《登鹳雀楼》 王之涣 （＿起＿收句）

白日依山尽,黄河入海流。欲穷千里目,更上一层楼。

6.《凉州词》 王之涣 （＿起＿收句）

黄河远上白云间,一片孤城万仞山。羌笛何须怨杨柳,春风不度玉门关。

7.《凉州词》 王翰 （＿起＿收句）

葡萄美酒夜光杯,欲饮琵琶马上催。醉卧沙场君莫笑,古来征战几人回?

8.《出塞》 王昌龄 （＿起＿收句）

秦时明月汉时关,万里长征人未还。但使龙城飞将在,不教胡马度阴山。

9.《鹿柴》 王维 （＿起＿收句）

空山不见人,但闻人语响。返景入深林,复照青苔上。

10.《送元二使安西》 王维 （＿起＿收句）

渭城朝雨浥轻尘,客舍青青柳色新。劝君更尽一杯酒,西出阳关无故人。

11.《九月九日忆山东兄弟》 王维 （＿起＿收句）

独在异乡为异客,每逢佳节倍思亲。遥知兄弟登高处,遍插茱萸少一人。

12.《春夜喜雨》 杜甫 （__起__收句）

好雨知时节,当春乃发生。随风潜入夜,润物细无声。

野径云俱黑,江船火独明。晓看红湿处,花重锦官城。

13.《赋得古原草送别》 白居易 （__起__收句）

离离原上草,一岁一枯荣。野火烧不尽,春风吹又生。

远芳侵古道,晴翠接荒城。又送王孙去,萋萋满别情。

14.《小儿垂钓》 胡令能 （__起__收句）

蓬头稚子学垂纶,侧坐莓苔草映身。路人借问遥招手,怕得鱼惊不应人。

15.《清明》 杜牧 （__起__收句）

清明时节雨纷纷,路上行人欲断魂。借问酒家何处有?牧童遥指杏花村。

16.《饮湖上初晴后雨》 苏轼 （__起__收句）

水光潋滟晴方好,山色空蒙雨亦奇。欲把西湖比西子,淡妆浓抹总相宜。

17.《题西林壁》 苏轼 （__起__收句）

横看成岭侧成峰,远近高低各不同。不识庐山真面目,只缘身在此山中。

18.《石灰吟》 于谦 （__起__收句）

千锤万凿出深山,烈火焚烧若等闲。碎骨粉身浑不怕,要留清白在人间。

19.《竹石》 郑燮 （__起__收句）

咬定青山不放松,立根原在破岩中。千磨万击还坚劲,任尔东西南北风。

20.《望岳》 杜甫 （__起__收句）

岱宗夫如何,齐鲁青未了。造化钟神秀,阴阳割昏晓。

荡胸生层云,决眦入归鸟。会当凌绝顶,一览众山小。

21.《无题》 李商隐 （__起__收句）

相见时难别亦难,东风无力百花残。春蚕到死丝方尽,蜡炬成灰泪始干。

晓镜但愁云鬓改,夜吟应觉月光寒。蓬山此去无多路,青鸟殷勤为探看。

22.《过零丁洋》 文天祥 （__起__收句）

辛苦遭逢起一经,干戈寥落四周星。山河破碎风飘絮,身世浮沉雨打萍。

惶恐滩头说惶恐,零丁洋里叹零丁。人生自古谁无死,留取丹心照汗青。

四、鉴别下面这些现代作者所写的诗歌是不是声律诗(格律诗)。

醉乡调色板 （　　）

稻浪翻飞踏海洋，狭长阡陌绣琳琅。农夫不洒万千汗，梦晓何来珠翠香。

银 杏 黄 （　　）

漫空罗帐挂湘屏，独步芳林锦毯轻。叶叶拈看如羽扇，大风起舞小风停。

枫 叶 红 （　　）

一夜偷尝天上酒，纷纷赧面来遮羞。红妆绚烂粉墙下，恰似新娘倚彩楼。

大 雪
一川 （　　）

瑞雪映疏影，孤枝风里冷。春色焕生机，一剪梅香岭。

忆 花 溪
胡晓明

窗前百啭尽声声，长忆清晨魂梦清。山鸟不知人已去，殷勤唤我碧溪行。

（　　）

茅台美酒浃欢声，又忆晚风匝地轻。抛却书篇休更问，几回人世短歌行。

（　　）

夏夜学堂几蛩声，携妻牵子语声轻。繁星天上眼如眨，影藻波中踏月行。

（　　）

雁 阵 （　　）

一剑穿穹顶，千声动地风。露催飞羽白，寒逼落霞红。
归梦衡阳远，客魂沙渚同。巡天存志渺，衔日过江东。

赞 水 仙 （　　）

金蕊暗香冷，青枝翠碧匀。花羞尖半露，根苗报双春。
依水噙冰苦，向阳传岁新。不求千岭秀，独领百花神。

五、鉴别下列诗歌的平仄(双数字下面标上平仄符号)。
举例：

冬日荷塘

冬临荷塘　　风轻水静　　片片残叶　　枝枝莲蓬
— —　　　　— ∣　　　　∣ ∣　　　　— —

秋 阳

推窗望秋阳，和煦如春光。昨日凌寒翻冬装，欲看梅花放。乍暖还寒时，春花秋霜，几多吟唱。

归 雁

天凉好个秋,叶落败枝头。记否暖风上瀛洲,闲情下轻舟。

归雁凌空啾,芳草何处稠? 远山小溪一夜流,愁绪顿时休。

秋 斋

秋斋孤影人无语,举目暗云飘冷雨,不忆春日戏锦鱼。

雪花梅花何时聚,诗兴欲向酒兴予,白发尚有豪情余。

忆江南(双调)·故乡

故乡好,枫叶满坡红。千叠梯田翻稻浪,万竿翠筱舞轻风。竹院踱髯翁。

故乡忆,月夜酒三盅。两岸松涛耆老课,双溪濯浪幼童萌。更听曲廊风。

附件1

律诗与绝句

施蛰存

现在一般人都以为五言、七言或八言,中间有两联对偶句,这叫作律诗。五言或七言四句的诗,叫作绝句,于是,绝句就不是律诗。……还有,一般人都以为律诗的"律"字是规律、法律的"律"。现代汉语从古汉语的单音名词发展到双音名词,于是在"律"字上加一个"格"字,成为"格律"。于是"律"字的意义更明确地表示为规律的"律"了。

以上这些概念,实在都是错误的。这些错误,大约开始于南宋。在唐代诗人和文学批评家的观念里,完全不是这样。

律是唐代近体诗的特征。唐人作诗要求字句的音乐性。周颙(yóng)、沈约以来的四声八病理论,为唐代诗人所重视,用于实践。……所以四声的理论实际上仅是平仄的理论。唐代的诗人认识到诗句要有音乐性,必须在用字的平仄上很好地配合,于是摸索出经验,凡是两句之中,上一句用平声的地方,下一句必须用仄声,尤其是在每句的二、四、六字,必须使平仄"黏缀",这样的诗句,才具有音乐性。律诗的"律",是"音律""律吕"(律吕:音律的统称)的律,不是"规律"的律。……

……

就是这一节,已经可以证明唐代诗人创造"律诗"这个名词,其意义是"合于音律的诗",也就是"有音乐性的诗"。……

既然如此,凡是一切要求讲究平仄、避免八病的诗,应该都是律诗,不错,唐代诗人是这样看的:绝句也是律诗。

……

南宋人编诗集,常常分为"古诗""五律""七律""绝句"等类,从此就把绝句排除在律诗之外。南宋人讲起近体诗,常常用"律绝"这个语词,绝句与律诗便分家了。唐代没有"律绝"这个语词。唐人只说"古律",表示传统的古体诗和新兴的律体诗,或者说近体诗。

用"格律诗"这个名词来表示唐代兴起的律诗,这恐怕是现代人开始的错误概念。在唐代人的概念里,格是"格诗",即讲究风格的诗,也就是古诗;律是"律诗",即讲究声律的诗,也就是近体诗。……作近体诗要讲究声律,作古体诗要讲究风格。……"风格"这个名词,唐代似乎还没有,他们或称"标格",或称"风骨",所谓"建安风骨",就是指汉魏诗的风格。《文镜秘府论·论文意》云:"凡作诗之体,意是格,声是律;意高则格高,声辩则律清,格律全,然后始有调。"

以上这些引证,都说明"格、律"是两回事,不能把唐代诗统称为"格律诗"。我们如果要一个双音词来称呼唐代的律诗(包括绝句),应该名之为"声律诗"。

(摘自中华书局2012年9月北京第1版《怎样赏诗》一书中,施蛰存《唐代绝句杂说》一文,该文原发表于1981年《语文学习》杂志)

注释:

① "格律"——"诗、赋、词、曲等关于字数、句数、对偶、平仄、押韵等方面的格式和规则";

② "格"字——"法式""标准";

③ "律"字——"中国古代审定乐音高低的标准,把声音分为六律(阳律)和六品(阴律)。合称'十二律':'律吕'(古代用竹管制成的校正乐律的器具,以管的长短来确定音的不同高度,从低音管算起,成奇数的六个管称'律';成偶数的六个管称'吕',后来'律吕'[单引号]作为音律的统称"。)

附件2

谈 律 诗

启 功

古典文学形式中,有一种规矩严格的诗歌,人称它为"律诗"。由于它完成在唐代,所以唐人称它为"近体诗"或"今体诗",后世也就沿称。这都是对

着"古诗""古体诗"而起的名称。所谓"律",是指形式排偶与声调和谐的法则,也就是指整齐化和音乐化的规格,所以这种律又被称为"格律"。至于词、曲,根本即在音乐的声律中,因此并无"律词""律曲"等名称。在文章方面,除"律赋"外,虽没有特标"律"字名称的文体,但也有讲求声律和谐的作品。无论诗、词、曲、文,律化的条件都有两个方面:一是字句形式上的要求,一是声调搭配上的要求。字句形式整齐排偶这一方面究竟比较简单;而令人觉得复杂的,要属于声调搭配怎样和谐这一方面。

(摘自中华书局 2004 年新 1 版,启功《诗文声律论稿》中的《绪论》)

附件3

入声字的演变

一、古代的入声字派入现行国语(普通话)第一声(阴平)者有:

积、绩、迹、激、匹,屋、哭、忽、七、戚、漆、脱、托、缩、失、湿、八、杀、缺、约,屈、曲、黑、发。……

二、派入第二声者有:

竹、筑、服、福、幅、熟、孰、叔、垫、足、族、卒、读、伐、罚、达、竭、杰,极、急、疾、息、活、哲、觉、局、质、实。……

三、派入第三声者有:

谷、谷、毂、卜、笔、乙、铁、帖、脚、角、窄、葛、尺、骨。……

四、派入第四声者有:

陆、鹿、录、木、目、物、勿、腹、术,若、弱、欲、玉、没、莫、越、月、略、悦、阔、落、壁、毕、赤、色、日、鹤。……

承传吟诵

第七讲

自从 2008 年年底第一届中华吟诵周拉开序幕之后，紧接着 2010 年初，中华吟诵学会宣告成立。此后，全国的吟诵专家和吟诵爱好者一次次云集一堂，有关吟诵的各种"论坛""培训"和"展示"，也如春潮滚滚，形成了全国吟诵的滚滚热潮。"吟诵"终于从一个遗忘的角落，被迎了出来。

近年来，全国各地的吟诵社团纷纷出现，各种媒体上也出现了吟诵的"声"和"影"。电视荧屏有关中华诗词节目的纷纷出台，尤其是《经典咏流传》节目的推出，更为经典诗词吟诵，添了把热火。十分可喜的是，教育主管部门，中小学教材编撰部门，也都开始了对吟诵的关注，继承吟诵传统被正式纳入了基础教育的正常轨道。

承传吟诵这一传统的读书方法，似乎已成为人们的共识。然而，如何传承却是百家争鸣，众说不一。一时间，出现了"鱼龙混杂"的乱象。

一、承传吟诵，务必解决的两个认识前提

（一）先"承"而后"传"？

上海作家协会副主席赵丽宏先生赠彭世强老师一幅墨宝："吟诵古诗词，承传中华魂"。他将常见的"传承"二字，调整为"承传"，是独具匠心的。他强调的是先"承"而后"传"。

没有对老一辈文人、学者的吟诵的了解、学习、继承，又何谈传承？这应该是一个很直白的道理。"鱼龙混杂"乱象的出现，无非就是未"承"即"传"

的后果！不少人，既没有细细品味传统的吟诵，也没有学习继承的一番努力，根本没有搞清何为"吟诵"，便随意将异化的"吟诵"视为"传统"。更有人随心所欲地将任何有关古诗文的有声阅读，乃至歌唱、戏唱，一概视为"吟诵"！

可见，遵循先"承"才"传"的原则，何其必要！

（二）承传"传统的吟诵"，还是"吟诵的传统"？

这个问题指向的是承传的"对象"——是"传统吟诵"，还是"吟诵传统"？

但是，它不是一个选择复句，而是一个递进复句：不仅要承传"传统吟诵"，更要承传"吟诵传统"。

承传"传统吟诵"是立足点、出发点，即要承传"传统吟诵"的曲调。但是又不能仅仅停留于此，还必须扩大视野，承传"吟诵的传统"，那就是承传前人诵读、吟唱的方法、规则和感受，承传他们这种有声阅读的读书传统。一百多年来，阅读古诗文，大多为默读，即无声的"静读、精读"。而古已有之琅琅出声的阅读，却被视为封建糟粕而弃之一隅。时至今日，唤醒传统的读书方法——吟诵，恢复有声阅读的传统，成了时代的必需。

然而，需要承传的"传统吟诵"，面临的一个重要的挑战，那就是——如何实现现代化的转型。若不妥善解决这个问题，"传统吟诵"的承传，必将进入传播的"瓶颈"，遇上不小的阻力。

由此可见，传统吟诵的现代化转型，势在必行。

二、传统吟诵现代化转型的指向

（一）传统吟诵现代化转型的由来

因为历史和现实的原因，传统吟诵要在当代承传，让广大的群众，特别是中青年，甚至幼儿、少年接受，有着许多困难。其中最大的困难就是传统吟诵的读书腔调，离当代生活有着一定的距离，即便是民国时代的音乐审美标准，与今天的标准，都不尽相同。

传统吟诵作为一种动态的文化生态，有一个不断生长、发展和变化的过程，它完全不同于静态的物质的传统文化，譬如青铜器之类的古文物，抑或挺立千百年的古建筑等静态的物质文化，其变化既慢又微。既然如此，传统吟诵的动态变化，就应该是一个自然合理的变化过程。承传者应该清醒地承认和看到这种变化，并有意识地努力于传统吟诵的"健康转型"。

不妨借鉴一下传统戏曲艺术的现代化转型，那就是把传统戏曲中最美的艺术精华提炼出来，站在现代审美的角度进行加工，让它合理变形、放大，并适当揉入（而非强加、凑合、粗制滥造）现代的审美要素，逐渐将有价值的、有意义的，目前还是小众的戏曲艺术，逐渐推向大众，推向当代的中青年、幼儿少年。戏曲艺术的现代化转型，不也值得传统吟诵转型借鉴吗？

（二）现代化转型的"指向"——三"立足"、三"面向"

其一，立足源头，面向发展。

立足源头，就是要立足于发掘有效的传统读书方法——"吟诵"，并看到传统吟诵长期发展变化的过程。

传统吟诵首先是千百年来不断发展、完善的有效读书方法。但由于一度畸变为不问理解的死读硬背，畸变为有口无心的盲目吟诵，加之社会大变革的影响，才逐渐式微。立足于传统吟诵，就是要清醒地认识这样的传统吟诵。

面向发展，就是要让传统吟诵跟上时代的脚步，积极修复，转型发展。

要使传统的读书方法，发展为一种"美读"的方法。还可以进一步从读书方法，逐步发展成为语言的艺术。传统吟诵本就有阴阳顿挫、高低明暗的音律变化，它的现代转型之一，就是依循语言、音乐的历史发展规律，作进一步的修复、完善和发展。

不妨照录一位音乐人士关于音乐艺术变化发展的见解：

"有别于他种艺术形式，音乐艺术以其时空艺术的特性而存在，即便是保存也是异变而非原样。的确，当我们看到历史上某一时期的一幅壁画、一件石雕艺术品，它就是那个时代的产物，原样保存。而音乐则不然，你很难讲这个音乐作品，就是历史上的原样。中国音乐文化，一直处于一种变化的过程之中，变是必然的。"①

立足源头，面向发展，就是以宏观的视角，发掘传统读书方法为起点，用发展的眼光，审视它的过去和未来。让吟诵在合理（符合吟诵的规律）、合情（符合作品的感情）的修复异变中，获取新生命，创造"新传统"。面向发展就是要有这种"变"的眼光，唯此，才能令"长江海口，涛流滚滚，却不乏来自金沙江的源头活水"！

其二，立足传统，面向当代。

立足传统，就是要立足于了解和学习"传统吟诵"的曲调和基本规律。

---

① 摘自项阳所著《当传统遭遇现代》一书中第 30 页《中国音乐民间传承的变与不变的思考》一文，上海音乐学院出版社 2004 年第一版。

存活于民间的"传统吟诵",也是一种音乐文化。它确有相对而言变化甚微的音乐形态,又以其自身的方式,顽强地向前行进。我们就是要立足于这种被人视为过时的传统,立足于这样的音乐文化形态,多发掘、多学习这样的"传统吟诵"——无论其语言、曲调、节奏、音乐运行规则等,都要细细品味、学习。

但是,这又是一种面向当代的品位学习过程。要面向当代人的审美需求、心理感受。既不能因传统吟诵与当代人的审美需求有所偏差而嗤之以鼻,也不能因其偏差,而不置可否地让它自生自灭,而是应该加大学习品味、研究推广的力度,认识到其独特的文化价值,使之逐渐融入当代人的审美主流中去。

江明惇先生在《汉民族概论》一书中说:"吟唱调是旧式文人吟诵诗词、古文时用的歌调",他判定这种吟唱调"以朗诵性为主,音乐抒情性不强,音乐形式较接近自然语音状态,拖腔、衬字等音乐吟唱片段很少,结构比较简单,完整性、独立性较差,有不少还处于民歌的萌芽状态,尚不成熟"。[①]

江先生的断言,会促成我们面向当代的积极思考。

面向当代,就是要使"传统吟诵"的音乐旋律,从平直、单调,走向比较曲折、多变,增强其音乐抒情性、增强艺术表现力,使之更切合当代人的审美需求。甚至还可以让传统的个人读书调,自我品味、少数人群之间互相鉴赏的读书调,逐渐成为供更多族群学习鉴赏的吟诵调。

譬如,让传统的古诗文诵读,逐渐插上当代朗诵的翅膀,腾飞在中华诗园的上空!

有专家断言:朗诵是从西方引入中国的语言艺术,用来表现中国的古诗词,那就是对诗词的破坏!

其实不然。且不说中国古代早有朗诵,即便20世纪初,随着西方话剧流入中国的朗诵艺术,用的是绝对的国语,现代国语四声字调和语调,表达的是中国人的思想感情,何错之有?好比说,血脉纯正的中国人,穿上西服,便改变了国籍?一旦洋装穿在身,就不是中国心了吗?"破坏之说",站不住脚!

即便是传统吟诵的基本规则和原理,也要逐渐根据当代人的心理诉求,有所微调、整理。仅以"声律诗"的严格押韵规则来说,随着语音的历史变化,新的音律要求,也应运而生。从《平水韵》《词林正韵》到今天的《中华新韵》的诞生,也是面向当代的自然变化。要强调"文读"、强调古音,但又不必苛求古音,这也是面向当代,应运而生的共识。

唯此,传统吟诵才会不衰、不死,甚至长寿、永生,才可能重返于课堂,活

---

① 转摘自钱茸所著《故国乐韵》一书,世界知识出版社2002年1月第一版。

跃于舞台,涅槃重生。

相对"立足源头,面向发展"而言,"立足传统,面向当代"是从微观视角,寻求吟诵音律切合当代现实需求的变化。

其三,立足白发,面向黑发。

立足白发,就是要立足于向"传统吟诵"的"传人"求教,不仅求教"传统吟诵"的曲调、更要求教他们坚持"传统吟诵"的经历和体会。

坚持传统吟诵的传人,多为耄耋老者,如今健在的为数不多了。多少年来,他们在吟诵经典诗文中,获得生命的活力,触摸到历史和现实的律动节奏。一位年过九旬的老人萧善芗先生,曾在艰难的动乱岁月中,吟诵诗词古韵,以求腾越时空的心灵宽慰,直至今日,仍然用吟诵驱赶病魔的纠缠。在她94岁高龄的今天,还完整地吟诵全篇《论语》,再一次为后人留下了一份"唐调吟诵"的宝贵资料。这样的实践、感受,非常需要后人虔诚求教,悉心体味。

面向黑发,就是要面向中青年人。在推广、普及吟诵的过程中,需注意中青年人的反馈,尊重他们的学习需求。

有日本学者断言:中国戏曲'如果以后没有功能维持的话,其消失也是必然的'。借鉴其言,"传统吟诵""吟诵传统",如要避免消亡而继续存活,必须有"功能性的传承"。

"功能性传承",就是指让传统吟诵切合当代人,尤其是切合当代年轻人精神生活的新需求,使他们觉得"好听、有效、管用"。

在音乐旋律、节奏上,既吻合诗文之原意,又让人觉得悦耳动听——"好听"。心情或为之一振一惊,或一喜一悲,旋即慢慢地随着诗情辞意的沁出,得到情感上的满足、心灵上的共振——"有效"。一再吟诵,竟能让音乐旋律承载的文字内容,渗入脑海,音乐与文字自然融合。不时吟诵,能不断地幻现意象,从而达到吟诵声起,文字、形象即来,从而得到一种高级的读书体验和享受——此之谓"管用"。这就是实现了当代人,尤其是年轻人的"功能性需求"。

"立足白发,面向黑发",也是从微观角度的思考,但是,它偏重于人文角度的思考。

"传统吟诵"是中华文化宝库里的珍品,它需要发掘、珍藏,也需要修复、改进,才能使吟诵更好、更快地存活于当代人的心中。

实现"传统吟诵"的现代化转型,势在必行,实现它的转型,既要有最大的热情、活力,又需谨慎、悉心。

"传统吟诵"的美妙之音,在吟诵传统中派生出来的不违底线的原创吟诵之声,双管齐下,定将如"银瓶乍破水浆迸""间关莺语花底滑"一般,穿梭于当代……

　　凡是刚接触或刚跨入吟诵大门者,随之而来的就是不断产生的疑惑,越是深入学习吟诵,问疑求答的愿望越是强烈。这既是笔者的切身体会,也是在推广传播吟诵过程中,所见的受教者的常态。

　　许多有心学习吟诵者,在认真听讲之后,总要围着笔者,现场提问,求解心切。而不断出现的疑惑,也让笔者在答疑中,不断思索,不断提升对吟诵及吟诵普及的认识。

　　真可谓教学相长!

一、关于吟诵

　　疑问:有人断言歌曲、戏曲都有乐谱,而吟诵没有乐谱,因为吟诵是个人的自由哼唱,无谱可记。是这样吗? 如若有谱,又该怎样用谱?

　　答:吟唱是一种个性化的表达方式,乐谱只是一个音乐旋律的框架。吟诵虽然是一种个性化、自由化的哼唱吟咏,但是无论什么人的哼唱吟咏,皆可记谱。只是,吟诵的记谱与歌曲的记谱不尽相同。

　　譬如,吟唱记谱的小节线(│),是划在句子的结尾处,而歌曲却是按节拍不同而划小节线,即按1/4拍、2/4拍、3/4拍、4/4拍这样的小节划分。初学吟诵者,可以根据音符哼唱,但没有节拍长短的硬性规定。反之,倒可以根据诗文内容,感情变化,自由地把握节奏的快慢,把握音的高低、长短。吟唱的曲谱,只规定了音的基本旋律走向。有谱,不至于离谱;依谱,但不"死"于谱。

说吟诵无谱,那是因为长期以来吟诵确实少有依谱而学者,多为耳闻而学。于是,承学者,绝难学得惟妙惟肖,音符的丢失、变异,也势在必行。

说吟诵可以记谱,因为只要是音乐旋律,就可以记录成谱。而且,随着音乐的普及,现代年轻人初学吟诵,也确实需要有谱,因为有谱,学吟时心里才有谱。

无论学习传统吟诵还是原创吟诵,都走记谱之路。学前辈吟唱,先听多遍,后按录音记谱(难免有所出入)。再看谱学习,如果没有录音,光是看谱学吟,就很可能是"另一番样子"了。他的原创吟诵,也是在反复诵读基础上,逐渐摸索哼唱,然后逐句记谱,全篇完成后,又看谱吟唱,在吟唱中,不断修改,直到满意为止。

必须说明:吟者和歌者的不同又在于,吟者不必严格按谱而唱,完全可以根据自己对诗词的体味、理解,不完全"离谱"地高歌轻吟。但是歌曲、戏曲、曲艺的曲谱,则不然,必须相对严格地依谱而歌才行。

疑问:有人说吟诵是小众的学习方法,不必大张旗鼓地推广普及,此论当否?

答:说对了一半。吟诵最早确实是读书人的学习方法,也是读书人自习诗文,自我品赏、自我陶醉的"书房行为",抑或是私塾里的"讲堂行为",当然也有文人雅集时互相交流欣赏的"雅集行为"。总之,确是小众的学习方法。但是,随着现代学校班级授课制的普遍推行,同班学习人数的大幅度提升,"吟诵"完全可以成为一种"学习互动"的"教、学行为"。

然而,由于吟诵被长期冷淡,故至今还是稀罕之物。因此,抢救吟诵,大力推广这门濒临灭绝的读书方法,势在必行。

不过,大力推广普及的内容和要求,也要因人而异。对大部分的学习者来说,应该知道什么是吟诵,应该学会欣赏诵读和吟唱,并学会一些常见古诗文的正确诵读和吟唱。数量和质量上,都不必苛求。对于少数特别爱好吟诵,甚至于钻研吟诵者来说,则应该在吟诵篇目的数量和质量上,都有较高要求。甚至学会边吟诵边斟酌文字的诗词创作。对于中小学生来说,在数量上,可以略多于成人。对于语文教师来说,则应有更高的要求。

换言之:让正确诵读、吟唱成为大众之法,让精妙的吟诵成为小众之技,而让吟诵的一般欣赏,成为普遍之术!故而当下,大张旗鼓地推广普及吟诵,何错之有?

疑问：有人认为"真正学会吟诵，必须学会诗词的写作，必须有很深的国学功底，才可能学会吟诵"。这话对吗？

答：此话有理。国学功底深厚，又会诗词创作，才能深刻理解经典诗文，才能准确地用声音表达诗文。但是，这个要求是对于深切爱好、深入研究的吟诵者来说的。对于广大中小学生来说，对于一般市民来说，不宜设置"学会诗词写作"的门槛。门槛过高，恐怕不利于吟诵的普及和推广。不过，任何一位吟诵爱好者，都应该向深入学习国学的方向努力。

疑问：有人认为"朗诵是上世纪初，从西方传入中国的一种话剧表演方式，怎么能够用来表现中国传统的经典诗文呢？"这样的论断，对吗？

答：现实生活中的朗诵艺术，确实是随着西方话剧艺术传入中国之后，才开始广为流传的。据一些话剧、影视界的老艺术家所言：朗诵是随着话剧，从外国传入中国的。先是由西方传入日本，后又从日本传入中国。但是，这并不能说明古代中国就没有自己的诵读、朗吟！

更何况，即便朗诵传自国外，源自西方，它跟能不能表现古诗文，绝无因果关系。

话剧、朗诵传入中国已近百年，早已为国人熟悉，并成为中华文化园中的一株香花。这种外来的语言艺术，也早已融入中华文化，它用的是中华国语，诵的是字调句调丰富多变的母语，业已形成了国语朗诵的独特魅力，并深入国人心中。今天，又何须追溯其"出身"而强行排除呢？

抗战时期，著名表演艺术家赵丹，演话剧《屈原》，大段高亢激昂的"天问"朗诵，不是很能激发民众的抗战热情的吗？六十年代北京人民艺术剧院的艺术家们，在历史剧《胆剑篇》中，让越王勾践朗诵几百字的"苦胆颂"，不是很能激发人们"十年生聚，十年教训"的奋发图强精神吗？直至十年前的"五·一二"大地震发生时，有关灾情的诗歌大量诞生，一场场感人的抗震救灾朗诵会，应运而生。有的学校师生合作，朗诵和吟唱现代人创作的相关诗词，取得了极好的效果。今天，许多优秀的艺术家，朗诵经典古诗文而产生的正面精神辐射，不也是人所感知的现实吗？

关键不在于朗诵的"出身"，而在于如何把握好朗诵这一语言艺术。不去熟读理解经典古诗文，而只是扯开嗓门，大轰大嗡，或者矫揉造作、虚情假意的"伪朗诵"，实不可取。反之，按照传统诵读要则，准确表达、真情朗诵，何需否定？正如，西装之传入华夏一百多年，曾经有人指责：国人穿洋服为国耻之举。现如今，此论早已风飘云散。所以指责朗诵古诗词之论，可以休矣！

疑问：学习吟诵，如何入门？需走怎样的过程？

答：如今，确实有热心于吟诵的推广传播者，组织了各种培训，引领了不少吟诵初学者，步入吟诵之门。他们倡导的是一种短期集中培训之路，不仅学习有关吟诵的各类课程，也直接学习了各种吟诵的基本调，取得了一定的效果。

但是，也完全可以走一条"自由"之途。在科技高度发达的信息传播中，收集和聆听一些名家的吟诵，语文教师、音乐教师更可以结合自己的工作，收集相关诗文的吟诵录音、视频，常看常听，边欣赏，边学习。利用闲暇时间，坐车、散步或其他休息时间，反复听，反复学，不失为一种值得推广的学习途径。当然还可以阅读一些吟诵专著，聆听一些吟诵的讲课，增强理性认识。所谓的"自由之途"，就是从感性实践入手，逐步提升理性认识，唯有理念升华之后，实践的才可能从"必然王国"走向"自由王国"。

疑问：吟诵应该提倡穿汉服、配民乐、上舞台吗？

答：随着吟诵的普及推广，确实出现了不少"穿汉服、配民乐、上舞台"的吟诵展示活动。此类活动，本无可厚非。有的将吟诵纳入中华民族节日纪念活动之中，将它和祭祖，祭奠古代圣贤，展示古代礼仪相结合，于是穿上汉服、奏起古乐，或上舞台，或居广场，琅琅诵读或吟唱，这无可责备。因为他们同属民族文化的展示，何错之有？

但是，也有的不是在学习经典文化上着力，而是在形式上贪求大场面，大搞复古形式，以求吸引观众眼球，以求比赛得奖，那就是喧宾夺主了。

也有的古诗文吟诵教学，师生穿上汉服，也不值得提倡，因为这已经不是"上课"，而是"演戏"了！因此，课堂上还是以干干净净的吟诵为好。

疑问：吟诵有流派之说吗？常听人说起"唐调"，那还有其他什么流派之调吗？

答：流派原指学术、文化艺术等方面有独特风格的派别。而吟诵原本是一种读书方法，故没有流派之说。但是近十年来，吟诵界频繁出现的一个词就是"唐调"，指的是风格独特的唐文治先生的吟诵调。

此后，又冒出各种吟诵调。对此，上海嘉定区安亭小学高级教师，区名师工作室主持人须强老师，在他的吟诵专著《用声音传承经典》中有以下的叙述：

"例如，'叶嘉莹吟诵调''屠岸吟诵调''戴君仁吟诵调''华钟彦吟诵调''霍松林吟诵调''赵朴初吟诵调''启功吟诵调'等。……问题是这些传统吟诵调早已有之，是前人传授给他们的，有些虽有其独创之处，但并非他们百分之百的原创。可见，这样的命名不是十分科学。"须强老师明确指出：各种以吟诵者名字命名的吟诵调"不是十分科学"。因为吟诵研究尚未明确这些吟诵调的原创者,也未提炼出它的风格特色。

须强老师之议,颇有启发。例如,屠岸先生的吟诵调,由他母亲所教,但是否是他母亲母原创呢?并不明确。所谓的"屠岸吟诵调",即便有所特点,但这是他个人的特点,还是"屠氏吟诵调"的特色呢?也不明确。倒是"唐文治先生的吟诵调",被简称为"唐调",不仅明确源头为"唐文治先生",而且在众多唐门子弟的吟诵中,已经提炼出共同的"唐调"吟诵特色。

由此可见,其他之调,只能称之为某吟诵者之调,未必是特色之调。因此,从严格的意义上讲,如今唯有"唐调"才算得上是一种吟诵流派。

二、关于吟诵教学

疑问:究竟吟诵在古诗词教学中,是不是最好的教学手段?

答:吟诵是很好的诗词教学手段,也应该是"必需"的手段,但不必断定为"最好"。

诗词教学摈弃必要的有声阅读,是很大的遗憾。长期以来,诗词教学只重视默读、默写,而忽视有声阅读(诵读、吟唱),这是诗词教学的历史误差!动心、动口、动手的诗词学习,才是理想的学习与教学。当然,经典的诗词确实需要静心地阅读思考、辨析品赏,但是,只有将静心的默读思辨,和有声的诵读、吟唱有机结合,就能够让学生立体地感受到诗词的整体魅力。要说最好,这才是最好的诗词学习手段。

那么,为什么说是必需呢?

一是激发兴趣,减轻负担之需。

让一些悦耳动听的诵读、吟唱进入课堂,静止的文字被灵动可心的声音所激活了,平板的文字随声而形象化了,学生能不兴趣大增?又何况有声阅读也往往是师生互动的过程,这就打破了常见的"讲解一言堂"局面,学生的兴趣焉能不增?而且用富有魅力的诵、吟之声,展示诗文,使之好听易记。沉重的背诵负担,变得轻松快乐,岂不事半功倍?

二是贴近经典,走进诗文之需。

曾几何时,"文言文"曾是中学生"三怕"(一怕周树人,二怕写作文,三怕文言文)之一。有人认为,现代学生怕学古文,理所当然。其实未必,上世纪五六十年代的语文课上,学生最喜欢的恰恰是文言文,因为学生觉得:学习文言文,会有从"'不知'到'知'"的学习成就感。反倒是现代文,本来一看就懂,一经老师烦琐解读,反而懵懵糊涂,索然乏味了。至于今天的学生产生"三怕",实与"匠化"的应试教学有关。

事实足以证明:诵读、吟唱进入课堂,能使学生开始感受到有声诗文的魅力,从而变得想学、肯学、爱学。如若长期坚持有声的诵读、吟唱,就可能使学生渐行渐近经典,即便是近了一小步,也是向语文教育的本真,靠拢了一大步。继而,更让学生走进了诗文,感到经典诗文里面的天地之广阔,内容之丰富,色彩之瑰丽。一旦学生进入智慧先贤的心灵,进入他们强烈而充分的情感世界,这就是触摸到了语文教学的真谛!

贴近经典,走进诗文,就该是语文教学理想的追求!

一位老师曾辅导三位初一女学生诵读《琵琶行》。她们原先在网上查过作品的解读资料,但还是一知半解。老师做了简要讲解后,作了诵读示范。当诵读琵琶女言身世部分时,其中一位女生,听着、听着竟抽泣起来。此后,轮到她自己诵读,读到最后,竟泣不成声了!

这位老师还辅导过一位小学生诵读杜甫的《茅屋为秋风所破歌》。且不说时代的隔阂,使学生很难体会杜甫晚年的遭遇和处境。就连"茅屋""稻草""布衾"等物件,小学生也一概不知,这是都市学生普遍的局限。老师对全诗作了简要的介绍后,动情地诵读了一遍。他被深深打动了。此后,他的诵读顿然改观,其动情的诵读,居然也打动了老师。

经典诗文非常需要这样引领学生走近啊!

疑问:吟诵之声真有那样的魅力吗?

答:的确,怀疑"吟诵"的声音魅力,并非个别。

有的怀疑者因为闻所未闻,也有的虽有所闻,仍淡然一笑,疑团未消。曾有人坦率地质疑:有的传统吟诵并不好听啊,学生怎么能够感受其魅力呢?

其实,释疑不难。聆听吟诵不同于欣赏歌曲、戏曲,尤其不能用过高的音乐性去要求吟诵。因为吟诵毕竟只是读书调。当然,也必须承认:有的传统吟诵调,的确因为与现代人的声音欣赏习惯、审美要求不相适应,确确实实需要加以修复改造,才能尽显其魅力。

国家一级民歌演员、年届八旬的戴学忱老师,就尽心修复了许多传统吟诵,使之变得优美悦耳,赢得了好多年轻人的青睐。如果有更多的人作此努力,年轻人的心灵不就与经典诗文、与古人先贤更为贴近了吗?

必须指出:质疑者恐怕也有一个欣赏要求问题。欣赏吟诵,一定要紧密结合诗文内容。不能纯音乐化地欣赏其旋律之美。有一首著名诗词,经由著名歌手演唱,由于曲调优美,歌手嗓音甜美,年轻人广为传唱。然而,仔细辨别，不难发现其曲调与内容并不相适应。那一以贯之的柔美优雅的旋律，完全无视作者起伏跌宕的情绪。动听却不能准确表现诗词的情感的歌唱，是不合吟诵品赏要求的。

所以说，吟诵确有魅力，然而，但也不必夸大吟诵教学之效。特别不能将学生人格、品行的提升，与吟诵教学硬性挂钩，不能将长期的、隐性的精神浸润显性化、功利化，苛求吟诵教学在人文滋养效果上的立竿见影。吟诵能够促进诗情文意的感染，但是道德感情的触动，不等于道德理念的转变，更不能苛求道德行为改观的即时效应。

可见，夸大或苛求吟诵之效，适得其反。

疑问：吟诵教学中，如何解决好吟诵与解读的关系？吟诵和解读教学的时间比例是多少？

答：曾经听到上海市教研室副主任、特级教师谭逸斌老师说过这样一个故事：一位老教授给研究生上课，连续数遍吟诵了所教的诗文，又让学生跟着吟诵了几遍之后，就宣布：下课！

显然，这是一个吟诵教学走向极致的事例。在传统私塾教学中，确实有它的可行性，但在今天，尤其在中小学教学中，难以复制。当然，谭老师意在强调吟诵之效，而非要求复制于今。

多少年来，我们的古诗文教学（无论中小学基础教学还是大学文科教学），都是教师的烦琐讲解一统天下。如今在应试重压下，这种讲解又被知识点、考点的反复强调和反复检测所代替。必要的动心、动情的解读，也被压缩了，何来吟诵的空间？

但是，提出解读和吟诵关系问题，还是很有现实意义的。为了帮助学生理解诗文，教师必要的解读，不可缺少，而将诗文有声化、形象化、有情化的吟诵，也很必要，两者的关系本不对立。解读才能理解；唯有理解，方能正确吟诵。只是，解读可以是教师的讲解，也可以是师生的互动，抑或是学生借助有关资料的自行解读。而理解和吟诵之间确有因果关系，可它们却是双向的因果关系：理解了，才能正确吟诵；吟诵好了，又能促进理解、增强感受和感染的效果，提高品味感悟的质量。

然而，不得不承认：即使在尚未完全理解的情况下，悦耳动听的吟唱和诵读，也可能吸引学生，激发他们深入学习的积极性。人们耳熟能详的经典古诗词，恐怕不少就是在这等情况下积淀于心的吧！

可见，解读、理解和吟诵的教学占时，不宜锁定比例，而应该因人、因事、制宜。机械规定，反有其弊。不过，目前阶段应该多多提倡诵读、吟唱。

疑问：是不是每一篇古诗文都可以吟诵？是不是所有的吟诵，都适合进入课堂教学？哪些篇目适合于吟诵教学？哪些篇目不适合吟诵教学？

答：从理论上讲，每一篇古诗文，都应该可以吟诵。但是，总也没有碰上一位所有诗文都能吟诵，而且能够吟诵得十分悦耳动听的老师。

曾经采录过几百名老先生吟诵的人，有这样的体会：一些老先生，总有自己特别喜爱的诗文，吟诵起来流畅悦耳，特有感情。如果临时指定的篇目请他们吟诵，效果就打了折扣。即便用的是同一类的"基本调"，由于缺乏细细的揣摩，即便对吟诵的"基本调"有所微调，效果也还是不太理想。有的甚至拒绝仓促吟诵指定篇目。这倒不是说明，有的篇目不适合吟诵，而是不深入理解体味作品的吟诵，效果欠佳。

但是从教学实际来说，诗歌篇幅较短，散文较长，前者适合吟诵教学，因为学生短时间可以学会。而一些篇幅较长的诗歌则不然。但是，可以适当降低吟诵要求：变"学习掌握"为"聆听初赏"；改"吟唱"为"诵读"。例如像《琵琶行》这样篇的长诗，让同学在老师的指导下，诵读全篇也可以收到一定的感染效果。或者，让学生听一听极富感染力的诵读或吟唱，花去十分钟，能够收到十分钟讲解所得不到的效果。有位老教师指导一位年轻教师学习《琵琶行》，不做讲解，只现场吟唱《琵琶行》，年轻教师立刻豁然开朗，朗诵质量顿然升华。

有人说：散文适合诵读，诗歌适合吟唱，也有一些道理。诗歌句式整齐，比较接近歌词。词、曲呢？本就是歌唱之辞，自然适合吟唱。散文句式，长短不一，说它适合诵读，由此而来。但是，散文也并非不能吟唱，只是它的曲调比较简单，一般是句群之间有个间歇，形成规律性的尾腔。句中文字的音乐旋律不很明朗，非常接近其字调变化。例如著名的唐文治散文吟唱调，其特征就是基本一律的尾腔调："2 1 · 6 1 2 5 ——"。也有用稍微复杂的音乐旋律吟唱《小石潭记》《为学》《岳阳楼记》《阿房宫赋》等，效果也不错。

总之，对于吟诵中的"诵读"来说，不存在适合与否的问题。对于吟唱来说，理论上也是"皆可吟唱"，就是要掌握一定的规律。就教学实际来说，初中古诗文教学较之高中，吟诵的空间更为充裕。而诗歌的诵读、吟唱空间，无论高初中，较之散文更大。

疑问：有人说教师自己不会吟诵，怎么办？还有人说，自己五音不全，不识谱，怎么进行吟诵教学？

答：语文老师中，五音不全的，虽非全部，却也不少。能学会吟诵吗？有的语文老师是音盲，不识简谱，不能辨音。可是他们还是学会了一些诗文的吟诵。至少可以说，诵读古诗文，人人有资格！

过去那种一味高声齐读的念经式诵读应该结束了，或者将"认读"当作诵读的局面也应该结束了。而吟唱么，也能学。有的老师戴着耳机，反复听,也就听会了。在演艺界的老艺人中,不识字、不识谱的多的是,照样能学习演唱艺术。今天有先进的多媒体,有录音、有视频,它们完全可以成为得力的"助教"。有的老师先天条件不足,但利用录音,又调动了学生中的佼佼者,结果她们的吟诵课充分发挥了"兵教兵"的作用,倒是应了"能者为师"的教学原则,应验了"师不必贤于弟子,弟子不必不如师"的古训!

疑问:中小学吟诵教学有哪几种模式?

答:先说"模式"一词,《现代汉语词典》中这样说:"某种事物的标准形式或使人可以照着做的标准样式。"初次尝试吟诵教学的老师都有"模式"要求。笔者是一线教师,囿于杏坛一角,只是有过一些实践尝试,何敢奢谈模式?也听到一些省市,热热闹闹地开展着吟诵教学,至于是否有可以复制的模式?不敢妄言!

就上海基础教育的情况来说,已有"基础课、拓展课、研究课"之别。吟诵教学较多的也就是在前两种课型中有所尝试。

在基础课教学中,结合已有教材,不定期穿插进行吟诵教学。多数弟子,坚持这样的吟诵教学。

21世纪初,我开始尝试拓展课中的吟诵教学。

拓展课的吟诵教学内容,一开始是"诗歌的吟诵教学",受大学中文系教学体系的影响,按古代诗歌发展的时间系列进行教学,结果,一年的拓展课(每周两节),也只能上到宋词,便匆匆而止。加上习惯性的教学思维影响,采用了过多的讲解,体现不了吟诵教学的有声化特点。

此后,又以人物为专题的系列吟诵教学。如以苏轼为主体,以苏轼生平为线,串起他一生的主要诗词。这样的教学,容易深入作者、深入作品去体验诗词的"意"和"情"。并用比较翔实的讲义,替代了烦琐的讲解,重点放在吟唱的实践。这种教学的感染力是强的,但是覆盖面是窄的。

第三种情况则是打破诗歌发展史的传统思维,充分体现"有声化"的特点,不求诗文的系列化,只求吟诵的分类。可以是"诗""文"的诵、吟分类学习,也可以是撷取文学史上,部分典型的作家作品,由易到难地进行"诵读""吟唱"传授。

在吟诵教学的方式上,也有以下尝试可供参考:

一是教师示范(或录音示范),现场互动的吟诵实践;

二是录音带动下的学生示范,(示范学生提前学会诵读、吟唱)现场互动的吟诵实践;

三是展示型的教学方式:在某一个阶段,一个班级或年级,为准备展示吟诵成果而进行的教学。也就是教学前就有明确的教学目标:在某时段进行吟诵展示。这种形式,将吟诵的教学,从课堂延伸至课外,让学生从被动学习状态,转至主动学习状态,学习动力十足。笔者的拓展课就采用此种方式,将届时的书面考试,改为口头展示考试,全班师生用联欢的方式,互相展示,教师打分。

其实,吟诵教学的形式,还有讲座形式。这种形式的受众面广,但只能是浅尝辄止,以品赏为主,不以学习掌握为目的。它是一种面上的普及推广,可与前面的点上深化,互为补充。

我还曾经充分利用社团的作用,开展"隐形"的吟诵教学,创建的学校"海鸥朗诵社",从单一的朗诵实践,拓展至"吟唱",在学校的艺术节、社团节上,"小海鸥"们,勇敢地上台展示了吟诵。笔者因此培养了一批会诵读、会吟唱古诗文的学生。这是社团活动,其实也是一种教学。

据了解,其他省市还有以诗文书目为内容的教学形式:例如在拓展课里,专教《论语》《诗经》《三字经》《千家诗》《弟子规》等。不知道,是否进行吟诵的教学,或者说是否用了吟诵的方法。

疑问:是否要给学生吟唱的乐谱? 是否可以根据学生的实际,把复杂难学的吟诵曲调,化简为易地加以改编?

答:首先必须明确乐谱的作用。一位大学音乐教授曾说:任何曲谱只能大概记录演唱的音乐旋律,不可能十分精确地记录。同一张曲谱,不同的人很可能唱出不同的味道,其差别有时会很大。笔者曾向上海音乐学院古琴教授戴晓莲老师请教:什么叫"打谱"? 她通俗地介绍说:就是根据古谱,进行扩充加工。好比说,古谱提供的是"骨架","打谱"就是给古谱"骨架",增添"血肉"。我听后豁然开朗!

因此,给学生提供曲谱,有益无害。不过,从实际情况来看,如果没有听到正确的吟唱,仅凭曲谱学习吟唱,很可能走样变形。因为同样的曲谱,不同的节奏,音乐感染效果,就会有很大差别,有时甚至是哀喜骤变之差。所以,提供曲谱和提供示范吟唱并举,就能收到较好的效果。

能不能将曲谱化简为易? ——完全可以。因为吟诵本就是自由化、个性化的。为什么一定要惟妙惟肖、亦步亦趋呢?

但是,自由化、个性化是有底线的,那就是忠于诗文原意、忠于作者感情! 那种不顾诗文情意的肆意乱唱,绝不可取。给谱乃至给录音,就是给底线,给框架,给轮廓。

疑问:中国的吟诵,能不能面向外籍学生? 外籍学生的吟诵教学,在解读的深度和吟唱难度上,应该把握怎样的尺度?

答:随着教育的国际化,外籍学生在华学习或者远在国外的中文教育(有的称为"华文教育"),都会接触到优秀的中国传统文化,外籍学生的中国

古诗文吟诵教学，自然是应有之义。由于外籍学生的中文基础毕竟薄弱，吟诵的要求应该适当降低。有几位从事这方面教学的中年教师，他们的侧重点在古诗的"诵读"，即教会外籍学生准确地用汉语"诵读"古诗，不仅要求音准，还可以进一步提出发音吐字的高要求。其实外籍学生学习华语，本来就有拉腔拉调的倾向，用在古诗文上，反成其妙！至于前后鼻音、入声字的要求，可以放宽。而古诗"吟唱"也并非不能进行。有的外籍学生，反而更加喜欢吟唱。2009年笔者的工作室曾在上海图书馆举行一次吟诵专场展示。上海位育中学国际部的四位德籍学生，曾准备诵读、吟唱孟浩然的《春晓》。考虑到外籍学生的困难，我们曾想免去他们的吟唱，结果反遭不满，他们强烈要求：既诵读，也吟唱！结果，满足要求后，现场掌声热烈！我也在两所学校的日、韩国籍学生中做过尝试，他们同样很喜欢吟唱。有的吟唱《诗经·伐檀》的积极性，绝不亚于国人。由此想到，"吟唱"较之"诵读"难，这是对国人而言，对于外籍学生，恐怕未必。

我觉得应以外籍学生的需要为准，灵活把握"诵读"和"吟唱"的要求。而且，选用短小精悍的古诗词，选择赏心悦耳、音乐性较强的诗词进入吟诵教学，更利于将中国的传统诗词、传统吟诵推向国门之外。

笔者曾带学生在韩国木浦第一高中举行的告别宴会上，用华语昆曲调吟唱，用粤语、韩语诵读孟浩然《春晓》后，赢得了强烈的反响。该校副校长即兴歌唱了一首韩国历史民歌，韩国籍中文老师用中文演唱了一首华语歌曲，予以回报，会场上洋溢着浓郁的友谊之声。这说明，吟诵可以面向国际！

下篇

吟诵鉴赏

「人啊人」朗诵报告

导言：

春花夏雨问我：
你最早认读和学写的字，是什么？
秋风冬雪问我：
你觉得最难读、难写的字，是什么？

我的回答是：
一个"人"字！

读了几十年、写了几十年，
至今还没有完全读懂、没有完全写好！
一个"人"字！
含义最丰富，内容最深奥！

可是，我偏偏是个老师，是个语文老师，
教了一辈子"人"字，
只不过，刚刚有了些开窍！

人字，左一撇，右一捺，
一笔委婉，一笔刚健；

下笔的第一顿，

那是健全的灵魂,清明的思想,
一笔,是体魄的壮硕,
一笔,是智慧的发展!
一笔是无限的人生追求,
一笔是有限的生命拓展。

人啊人,人的本质是生命,
人啊人,生命的意义在于灵魂。

我咀嚼着"人"字,
我思考着"人"字,
我解读"生命"二字
我品味"生命"二字,

生 命 篇

导言:

自然的生命,父母所生;
社会的生命,环境所养,
生命属于每一个人;
生命属于所在的
沙漠大河、平原山冈!

生命如奔腾的激流,
生命如挺拔的青松。
惟有搏击岸石、斗雪傲霜,
才显现它的活力;
惟有默默无闻的倾心奉献,
才沉淀出它的分量。

这一篇《火柴》,
这一星火苗,
蕴涵着深深的哲理,
让读者眼明心亮……

朗诵：

火　柴

李华岚

　　你的身体那么细小,你的生命那么短暂,但是,你却没有一丁点儿自卑感。

　　你排着整齐的队伍,信心百倍,时刻等待着人们的挑选。你的全部理想就是:燃烧自己为他人作一点贡献。

　　你小小火苗,可以化作冲天大火,燃尽茫茫荒原。但是,只要人们需要,你愿用自己的全部青春,为黑夜里的求索者,点起一盏灯,灯火亮闪;为饥寒的挥汗者,点起一堆火,火光永远!

　　小小的火柴,说明了一个朴素的真理:生命的价值,就在于为人民奉献。

朗诵报告人：

　　原来如此,任何人,只有融入人民的需要,才能让生命之火,燃得炽烈、久远!

　　朋友们,要认识生命,珍惜生命!

　　生命诚宝贵,因为人的生命仅只一次;生命诚宝贵,因为每一条生命,不只属于自己,也属于你的父母、亲人,甚至你的民族、国家,还属于你所崇尚的事业。

　　珍惜生命的人,往往能奉献生命;尊重生命的人,总是能热爱生命。它们能让生命绽放耀眼的火红,让生命流淌于历史的永恒……

　　在风平浪静生活中,生命之树常青;在大祸、大灾降临时,生命之花更璀璨!无论是老人、妇女、壮汉,还是80、90后,甚至更年幼的童稚幼年……汶川大灾,灰蒙蒙的现场,却涌现出火一般的生命,鲜艳无限!

朗诵：

孩子,请接受诚挚的敬礼

佚　名

甲:你,小思雨,
　　在瓦砾下把《两只老虎》唱起,
　　你向营救你的大人说:
　　"叔叔,我不怕,你们不要担心。"
　　还有什么声音,能比你的生命之歌,

更鼓舞人心,更坚强有力!

乙:你,邓清清,
　　你在废墟里打开手电筒——读书。
　　那一束柔弱的光,竟能把绝望洞穿,
　　这电光,宛若钢钻一般锐利。
　　你以一个平静的姿势,
　　表达了对死神最大的鄙夷!

甲:你
乙:你,
合:还有好多的你,
　　我们不知道你们的名字,但我们知道,
　　你们把生留给同学,把死留给自己!
甲:是你! 你失去了家园、亲人、老师,
乙:还是把感谢的标语,用稚嫩的双手,
合:向救援的叔叔阿姨,高高地举起!

甲:你,孩子,
　　大地已震裂,山川夷为平地,
　　但你的灵魂却依然屹立。
　　是你,孩子,你用小小的躯体,
　　支撑起一个"人"字,
　　让它巍然岿然、顶天立地!

乙:为什么你总让我们泪流纵横,
　　孩子,那不是同情、不是怜悯,
　　不是! 那里面满含着
　　我们对你深深的、沉沉的敬意!
　　你的坚强,把我的灵魂洗涤,
　　让它承受更多的拷问和反思!

合:孩子啊,
　　你是替人类受难的天使……
　　孩子啊,
　　请接受成人诚挚的敬礼!

朗诵报告人：

　　敬礼,为坚强的孩子们;

　　敬礼,为所有顽强求生的身影;

　　敬礼,为那些为救他人生命奉献自己的不屈的身影!

　　我们要珍惜每一个生命,

　　尊重每一条生命,

　　热爱天下苍生,

　　传递坚强生命所闪现的民族精神!

和　谐　篇

导言：

　　"人",

　　直挺挺的两笔!

　　既阴柔,也阳刚,

　　既稳健,也飘逸!

　　"人",

　　遒劲飒爽的两笔。

　　既左牵,也右连,

　　心相近,更相依!

　　一个"人"字的两笔,

　　互相依傍,才能顶天立地;

　　一个个"人",组成的群体,

　　和睦共处,才能心齐山移!

　　13亿个人字组成的群体,

　　便成了一个众志成城的坚强国体!

　　不要两个"人"字的盲从,

　　但要众多"人"的互助互利!

　　你与我并肩,我与你牵手

　　能迎来百草丰茂,春暖大地;

　　与他人团结一起,

与万物协调一气，
生存于宇宙万物中的生命个体，
莫忘合作和谐的关系！

这不？
我，你，还有他，
我们要用微笑传递心灵沟通的信息——

朗诵：

微　笑
杨钧伟

微笑是心灵上无声的问好，
微笑是淡雅友爱的花苞。
它是像蓝天一样的小诗，
它是试探性的信任和礼貌。

不要只在上级面前才把微笑慷慨馈赠，
不要见了关系户才咧开嘴角，
不要为了谋求私利就去廉价拍卖，
不要为了失望和惆怅就把它扔进了地窖。
在繁忙的柜台，在拥挤的车厢，
在摩肩接踵的人行道，
越是那火星儿容易
燃爆的地方，越是需要有微笑。

我们的事业展开了金色的翅膀，
喜悦溢出了嘴角，漫上了眉梢。
微笑应该成为我们经常的面容，
微笑应该成为我们共同遵守的一个信条。
朋友们，微笑吧，微笑是沉静的美，
朋友们，微笑吧，微笑是文明的桥。
让全世界都投来羡慕，
在中国充满了微笑。

微笑，献给自己，献给他人，

微笑,献给社会,献给自然。
微笑,不是冷漠的伪装,
微笑,是真爱的奉献。

微笑献的是爱,献的是心,
用爱心牵连着爱心,
就能创造生命的奇迹!

如果说,微笑待人
是平安时期你我合作的调和剂;
那么,爱心牵手
便是灾难时期群体团结的凝固剂!

用爱心,可以奏响和谐的乐曲
用爱心,可以实现生命的传递!

华夏同携手,
万民齐合力,
爱心,能在天崩地裂时团聚民心;
爱心,能在风啸雨狂前巍然屹立!

朗诵、吟唱:

遥望汶川

佚 名

天府在呜咽,
泪雨冲黄泉。
苍天不悯众生,
楼倒顷刻间。
父母肝肠寸断,
幼子痛失家园,
血染断壁残垣。
凄情处处看,
四海泪潸然。

汶川难，

举国悲，

八方援。

万民合力，

总理督战，憔悴容颜。

风啸雨狂何惧？

山下飞石难阻，

将士勇当先！

华夏同携手，

欢笑对蓝天！

朗诵：

和字礼赞

刘业雄

甲：有一个字，

　　一个民族写了五千年。

　　用浓墨重彩，又细细勾连；

乙：工工整整，又纵横舒缓。

丙：一个"禾"木旁，

　　郁郁葱葱，叶茂枝繁；

丁：一个"口"字边，

　　堂堂正正，从容庄严。

甲：呵，好一个"和"字！

　　寥寥的八笔，

　　却浓缩了二十四史里所有的离合悲欢；

　　简单的结构，

　　却撑起了一个民族最丰富深沉的情感！

合：却撑起了一个民族最丰富深沉的情感！

甲：金戈铁马时，它是一种期盼；

乙：安宁和睦时，它是一种依伴；

丙：凄风苦雨时，它是一种温暖；

丁：春光明媚时，它是一种甘甜；

甲：背井离乡时，它是一种留恋；
乙：老大归家时，它是一种灯盏；
丙：骨肉分离时，它是一种思念；
丁：佳节团聚时，它是一种月圆……

甲：好一个"和"字！
　　它使孩子憧憬了童话世界的烂漫；
乙：它使恋人系紧了情意绵绵的红线；
丙：它使朋友挽起了充满体温的臂弯；
丁：它使邻邦许下了世代友好的诺言。

甲：好一个"和"字！
　　李太白酣畅淋漓地唱着它，
　　"千里江陵一日还"；
乙：杜少陵沉郁顿挫地唱着它，
　　期待"大庇天下寒士"的"广厦千万间"；
丙：辛弃疾气吞万里地唱着它，
　　"了却君王天下事，赢得生前身后名"
丁：苏东坡把酒敬青天，
　　"但愿人长久，千里共婵娟"……

甲：好一个"和"字！
　　让灾难中受伤的心灵添一点亮色，
　　让全毁后重建的家园多一点璀璨，
乙：让寒冷的冬夜多一点雪中送炭，
　　让原野的跋涉多一把遮风挡雨的大伞！

丙：好一个"和"字，
　　让生活的登攀少一点蹒跚，
　　让人生的历程少一点折转，
丁：让生命的色彩少一点单调黯淡，
　　让墙角的小草少一点冰冻的严寒！

甲：好一个"和"字！
　　夯下了智慧、勤劳、团结、勇敢，
合：56个民族的脉搏，按一个节奏跳动，

13亿双臂膀连成一条同舟共济的彩链!

甲:和谐,正在每张脸上点染,
乙:和谐,正在航线上鼓帆,
丙:和谐,正在万水千山漫卷,
丁:和谐,正在共和国的版图上尽情舒展!

甲乙:呵,好一个"和"字!
　　　和字就是一个中国结,
丙丁:和字就是一首《胜利曲》,
甲:尽管那么多现成的赞美之言
　　铺满了成语词典,
合:我们还是要献上一首心中的礼赞!

生 死 篇

导言:

人啊人,
和谐是人们相处的永恒主题
人啊人,
生死又是人的一生面临的大课题。

一个人字,两个面:
一面是死,一面是生。
人的一生,本就是由生至死的过程,
完整的一生,定然是虽死犹生!

一曲《乌江》,传唱的是楚霸王的英雄气节,
一首《过零丁洋》,表白的是文天祥的忠诚!
它们咀嚼着生与死,
它们思辨着死和生!

朗诵、吟唱：

乌 江

李清照

生当作人杰，死亦为鬼雄。至今思项羽，不肯过江东。

朗诵：

过零丁洋

文天祥

领：辛苦遭逢起一经，干戈寥落四周星。
领：山河破碎风飘絮，女合）风飘絮
领：身世浮沉雨打萍。男合）雨打萍
领：惶恐滩头说惶恐，女合）惶恐滩头说惶恐
领：零丁洋里叹零丁。合）零丁洋里叹零丁。
领：人生自古谁无死，留取丹心照汗青。
合：人生自古谁无死，留取丹心照汗青。

朗诵报告人：

我们传颂着千古名篇，
我们传承着民族英魂。
李清照"人杰鬼雄"的敬颂，
文天祥"丹心照汗青"的精神，
滋养着华夏民族，
哺育着炎黄子孙！

我们明白了
人生从来就是晴雨交替，
我们觉悟了
生命从来就是兴衰相生。
我们观察了
平和日子里的潮起潮落
我们思量了
风雨交加中的时浮时沉！

小草在料峭严寒里依然昂首，
嫩芽在暴风骤雨中得到滋润。
秋霜里，枫叶格外绽出嫣红，
冬雪中，松柏昂然挺起自尊！

当岷江两岸群山疯狂的时候，
当天府之国大地跺脚的时候，
当芸芸众生被推到生死边缘的时候，
当特大灾难，令寰宇震惊的时候，

大写的"人"字，
巍峨挺拔地站在东方；
血红的"中国"二字，
宛若劲松，扎根地球！
既柔又刚的"爱"字，
汇成了一条不可遏止的暖流。

一个"生"字的中心一笔，顶天立地，
一个"命"字的最后一笔，笔直劲遒！
"人民的生命高于一切"响起在生死关头，
人性的光辉，张扬在大地九州岛！

朗诵报告人：

忽然听到，一个老诗人的抽泣
抽泣成没有字迹的小诗一首——

朗诵：

一个没有诗的诗人
佚　名

没有诗，
没有一行诗
一个年迈的诗人
只有泪
泪如涌泉

不可遏止

此前,在漫长的岁月中
我总是隐忍着泪
隐忍着呜咽
所幸我还有诗
忧从中来
长歌当哭

两岁的小孙女问我:
爷爷,你怎么哭了?
我——他指着自己的鼻头
你的小宝贝
才会像你那样哭呢
爷爷,你为什么要哭呀?

可她哪里知道,
在那天崩地裂的一刻,
岷江两岸,
有多少和她一样的小宝贝,
连一声哭都没来得及,
就被疯狂的群山吞噬了。

即使他们在废墟的底层,
拼命地哭喊过,
我们也听不见啊!
而啼哭,
恰恰是他们
唯一的语言。

朗诵报告人:

哭,是命运坎坷之常情,
不哭,是人生颠簸的隐忍。
我们怆然
——老诗人的有泪无诗,
我们慨然

——小孙女天真一问，
平平淡淡的对话，
促成了爱心的爆发，
朴朴实实的倾诉，
彰显了人性的纯真。

该哭的时候，
尽情地哭喊，
这是生命追思的沉吟，
这是生死抗争的礼赞！

请看一排排书包，
啜泣在废墟一侧，
请听一只只书包，
发出了生命的求援——

朗诵：

书包的哭泣

成雅明

甲：听见吗？
　　一只只散落的书包
　　列队在哭泣
　　它们从废墟中
　　重见天日
　　可是那一双双背书包的手呢？

乙：地震像恶魔一样猝然来临
　　还来不及让人惊呆
　　沉重的屋梁就砸了下来
　　撕心裂肺的呼喊、呻吟
　　从大地深处传来
　　书包望眼欲穿
　　在断壁残垣间寻找主人

甲：曾经的相依相伴
　　瞬间消失了

乙：曾经阳光般的身影
　　瞬间消失了

合：书包里
　　装着嘱托和希望
　　如今却有了不一般的分量

甲：书包里
　　还有一篇未写完的作文
　　题目是"春天来了"
　　清纯的眼睛
　　留恋那童话般美好的景象

乙：但通向春天的路却突然中断了
　　春天还会再来
　　可青葱的生命去了何方？
　　稚嫩的笔迹依然可辨
　　可又何处寻找那些梦、那些彩色的向往？

甲：此刻，我用哭泣回应着哭泣
　　有谁知道书包的悲伤

乙：此时，我深深地祝福啊，
　　愿天下所有孩子，

合：背上书包，背上幸福，
　　永远背上温煦的阳光！

朗诵报告人：

　　是的，在余震未断、创伤未愈的日子里，
　　生与死的试卷，该写怎样的答案？
　　黄土地沉思，地球村困惑，
　　但国人擦干泪，站起身，迎接震魔的挑战！

　　地震，震响了一曲华夏悲歌——
　　这是全国动员，万众一心的爱心大传送，
　　这时全军上阵，军民携手的生命保卫战！
　　这是举国上下，抗震救灾的生死攻坚战！

"生命"的旗帜,高扬飘展,
民族的精神,焕然彰显。
"生死"的决战,全民动员,
民族的凝聚,世人惊叹!

中国人,又一次面对生命的灾难,
中国人,又一次演绎生命的礼赞!
中国人,又一次续写
生与死的壮丽诗篇!

读了一辈子的"人"字,
教了一辈子的"生命"二字,
拒绝了一辈子"生死"两字,
刚刚读懂了它们的外延和内涵!

明白了"中国人"三字的分量,
知晓了"丑陋"不是必然!
感觉了"美丽"的真正色彩,
看到了"美丽"的"中国人"近在眼前!

朗诵:

美丽的中国人

齐铁锴

(一)

领1:已经好久没有这样感动了
领2:已经好久没有这样流泪了
领3:已经好久没有这样失眠了
领4:已经好久没有这样
领合:整天悬着一颗心
　　　眼睛想咬住电视每个频道
　　　肩膀欲长出
　　　一千双手,一万双手
　　　去救人
众合:去救人,去救人
领1:汶川地震,震动了地,震动了天

震撼了所有的中国人
领 2:震醒了所有积淀在意识里的大义和大忠
也震醒了所有沉潜在血液中的大美和大仁
众合:大义大忠,大美大仁
大义大忠,大美大仁

领 3:已经好久没有这样
可以理直气壮地说出憋在心头的一句话
众合:中国人并不丑陋,丑陋的不是中国人!
领 4:已经好久好久啊,没有这样想呐喊,想呼告
众合:我多灾多难的祖国呵
我美丽善良的中国人

（二）

领 1:五月十二日那一天呵
太阳是那样匆匆,月亮是那样匆匆
我们多想拉长白昼和黑夜
抓住时间的每一刻、每一分
领 2:让废墟里尚存脉搏的父亲捱到女儿的牵手
让瓦砾下还有鼻息的男婴等到母亲的亲吻
领 3:让断垣残壁中伸出的一只只小手
抓到书包,抓到课本,抓到掉了笔帽的圆珠笔
抓到刚刚在课间,躲过老师的眼睛偷偷折好的纸鹰
领 4:他们原本想在课后去比试
看谁先飞出低矮的教室,飞出大山
飞得很远很远,远得连弹弓也无法瞄准

领 1:仅仅过了两个时辰
甚至比外国的通讯还快
中国政府的总理已赶到现场
握住灾民的手,扶助风雨飘摇的苍生
领 2:中国的国家主席、军委主席
已发出十万火急令
向着灾区,向着震中
进行全国大救拯,全军大救拯
众合:向着灾区,向着震中

进行全国大救拯,全军大救拯

领3、4:"一切为了生命""为了一切生命"的动员令

　　　　源自大爱,源自真诚,

　　　　源自中国的古训——命比天大,民重君轻

众合:命比天大,民重君轻

（三）

领1:生死角逐,绝地抗争

　　　中国最现代化的空降师

　　　　最现代化的消防兵

领2:最现代化的救援队

　　　　最现代化的集团军

众合:还有自发组织的工人农民和大学生

女合:向汶川,向都江堰

男合:向北川,向映秀镇

众合:衔枚疾行,插翅飞进

领1:巨石挡车轮,纷纷以步代车

领2:浓雾遮视线,顽强飞出云层

领1:这是没有硝烟的战争

领2:这是只进不退的驰骋

领1:指挥靠前,

领2:人员靠前

女合:没有机器用手扒

男合:没有工具靠肩顶

领1:他们是以身相许啊

领2:他们在以命换命

领合:他们在地震灾区进行了

　　　人类灾难史上最伟大的驰援,最凄美的救拯

众合:最伟大的驰援,最凄美的救拯

（四）

领1:或许这么说,世界就明白

　　　灾区小学在倒塌的一瞬

　　　一位老师双手顶着讲台死撑

　　　屋顶倒塌了,搜救队员

在他用肉身拱成的屋顶下

捧出了四条生命

四朵含泪的鲜花

而老师弯曲的身躯再也无法拉平放正

成了美丽的雕塑一尊,它的背脊

真的是体无完肤呵,满是乌青和血痕

这美丽的雕塑呵,最伟大的师恩

众合:这美丽的雕塑呵,最伟大的师恩

领2:或许这么说,世界就明白

一座小学摇摇欲坠后,

全体学生依次下楼

没有人挤人,没有人压人

甚至没有踩落一只鞋跟

这像是去做广播操

这像是去跳集体舞

这种文明,这种优雅

很难让人相信这是发生在中国的

山区一所普通小学并不宽敞的楼道中

也许这能算世界上最美丽的一次灾难逃生

众合:世界上最美丽的一次灾难逃生

领3:或许这么说,世界就明白

当援救队员从瓦砾中找到一位女孩

她的腿被石块压着

身后是几位同伴,有死也有生

若等机器来搬动,时间将很紧很紧

而用再多的手来搬,也只能是无功而返

面对如花的少女

大家陷入了一个两难的选择

一个生命与生命孰轻孰重的悖论

女孩仰起脸来

乌亮的眼睛参透生死,参透滚滚俗尘

她果敢地说:"叔叔,锯我的腿吧

这样,你们就可以快点救我的同学

快!快去救她们。"

我的脑海里顿时化出旋转的舞台

旋转的步子,旋转的身影

跳舞的就是那位女孩

虽然这是幻觉,但我愿意信以为真

这样的天使,永远没有残缺,永远完美动人

众合:这样的天使,永远没有残缺,永远完美动人

领4:或许这么说,世界就明白

救援队推倒一堵墙

突然看见一位母亲弓着单薄的上身

曾顶抗过山样压力的上身

死死抱住一个女婴

她的乳房还在奶着孩子,心脏停止了跳动

而孩子还活着,还在吮呵吮

此刻假如真有天堂,母亲也不会愿意走的

她还想喂宝宝,还想为宝宝顶住墙

顶住背上的千钧与万钧

这美丽的身姿,这美丽的曲线

会让世界上所有的画家动容

假如真有上帝

上帝怎忍心启口,在天国大门召唤这位母亲

众合:圣洁的母爱啊,天地之尊! 天地之尊!

领5:或许这么说,世界就明白

这里有座磷矿

普通得过目后便忘得一干二净

这里的矿工薪水很薄或者叫作饭钱

每天抵掉三顿后便无所留存

就是这些大号叫矿山主人的人

地震后从坍塌的会计室抢出八百万元

硬是在没人走过的地方

硬是在飞沙走石的隙缝踩出路径

途中麻袋绽裂,钱散钱滚

工人们满山满坡找,磕破额头寻

一张一张捡,一叠一叠捆

最后没少一文,交给真正的主人

人们都说,美丽是不能用金钱衡量的
而此刻,每一元金钱都反射出
纯洁的心灵,干净的灵魂
众合:纯洁的心灵,干净的灵魂

领6:或许这么说,世界就明白
我们解放军,用手指在石堆里
挖出一个受伤的三岁男童
男童刚刚还疼得大叫
此刻,躺在门板上让叔叔抬起时
忽然明白了什么,忽然想起了什么
他仰脸上苍,面对蓝空
以及蓝空之下,以及背脊底下
那一双双血肉模糊的肩膀
那一双双指甲翻起的大手
他无比虔诚,又无比恭敬
行着本该是成人的敬礼
这是一个稚气未脱的男童
心目中最美丽的仪式,最隆重的谢忱
男童的手久久没有收起
这神圣的谢礼
在人们的记忆里定格
在美学意义里升华
这一幅最具人性最温暖的画面
深深镶嵌进了大灾难的背景中
请相信吧,解放军叔叔抬起的是
中国下一代美丽的心灵
中国普遍的文明水平
众合:中国下一代美丽的心灵
中国普遍的文明水平

(五)

领1:已经好久没有这样揪心地感动
领2:已经好久没有这样裂肺撕心地感动
领合:为中国人的美丽,为中国人的好心
领3:已经好久没有写诗了

87

领 4:已经好久没有歌唱了

领 1:我歌唱我心疼着的祖国

领 2:我歌唱我怜爱着的孩童

领 3:我歌唱我忧伤着的父母和其他亲人

领 4:我歌唱我牵挂着的医生教师和军人

领合:我们牵挂所有为灾区做过点事的人

众合:我们牵挂所有为灾区做过点事的人

领 1:天苍苍,水茫茫,山之川,国有殇

　　　　举国哀痛之日就是全民发愤之时

女合:我们脚下有美丽的土地

男合:我们头上有美丽的星空

领合:我们心里有美丽的理想

领 1:人啊人,蜀川大地上的中国人

领 2:人啊人,长江黄河两岸的中国人

领合:世世代代,历尽磨难的中国人

　　　　是美丽的,美丽的中国人

女合:美丽吧,美丽的中国人

男合:美丽呵,美丽的中国人

众合:美丽的中国人,

美丽的中国人,

美丽的——中国人!

说明

2007 年,笔者接受学校学生处老师的邀约,为配合"民族精神教育"和"生命教育",编写了《"人啊人"朗诵报告》(第一稿)和《高歌轻吟,华夏诗韵》(见下文)两个教案。一开始,依托校内海鸥朗诵社的学生,先后实施了这两堂特别的语文课,从校内走到了校外的课堂。

2008 年 5 月"彭世强名师工作室"成立,与此同时,汶川大地震发生了,笔者随即改写成了《新编"人啊人"朗诵报告》,带领工作室十几名弟子,将这个朗诵报告,带进了多所学校,赢得了十分强烈的反响,师生普遍报以热烈的掌声。工作室的学员们也因此进行了一次特别的业务进修,我也闯出了一条工作室特殊的带教之途!

第一稿《人啊人》带有比较明显的讲课痕迹,所选诗文,大多出自教材,当时的探索目的之一,就是要证明——这也是一堂语文课。我的教学理念是:语文课不一定都是滔滔不绝的讲解、频繁密集的测试。更要重视作品的感染,激发学生的兴趣。

　　《新编"人啊人"》的完成,靠的是一种无可推卸的责任感,和大地震所激发的一股激情。当时根本无暇顾及教材不教材,想到的只是要表现中国人民战胜灾难的民族精神!

　　这两堂课(《人啊人》和《高歌轻吟华夏诗韵》)也是我"十三春秋磨一课"探索的起步课。新编版《人啊人》,便是"磨课"的开始。直至 2018 年止,我已经完成了一系列的"诵读、吟唱鉴赏"的教案或脚本,它们的价值就在于读者完全可以采取"拿来主义",完全可以用这一系列教案(或脚本)为模板,结合自己上课(或展示)的对象,调换篇目,修改执教词(或主持词),采用切合自己实际的表现形式去使用。

"高歌轻吟,华夏诗韵"朗诵报告

人生多有感悟

导言:

中华古国,历史悠久,地杰人灵。打开我们的民族文化史册,上面记载着多少风流人物的英名。泱泱中华,本身就是浩瀚千年的诗篇,华夏苍穹,闪烁着多少诗坛的明星!让我们借助优美的母语,高歌轻吟,品味经典诗作的画意诗情!

我们这堂语文课的第一篇章是——人生多有感悟。

人的一生,几多风雨,几多阴晴。我们的先人,用他们的心,感悟人生;

用他们的笔,渲染喜怒哀乐之情。现在,让我们开始跟历史对话,与古人交心……

朗诵报告人:

诗仙李白是唐代伟大的浪漫主义诗人,在这短短的 20 字中,他不写其他,独写敬

亭山。不写山色、山形、山声,独写山的精神!孤独寂寞的敬亭山哪,没有飞鸟的陪伴,没有闲云的点缀。可它性格依旧,精神依旧!

清高孤傲的敬亭山,不就是不愿"摧眉折腰事权贵"的李白吗?怪不得他们俩,我看着你,含情脉脉;你看着我,脉脉情含;怪不得李白说:"只有敬亭山"!

朗诵：

独坐敬亭山

李　白

众鸟高飞尽，孤云独去闲。相看两不厌，只有敬亭山。

（配乐声中PPT展示《如梦令》的画面。）

朗诵报告人：

李清照的《如梦令》二首，记录了少女和妇人的两个时期的生活片段，表现了少女的欢娱和中年的坎坷。

第一首，那是在溪亭，在黄昏，一些少女沉醉美景而把时间耽误，错过了归路，而误入了荷花盛开之处！这些游兴极浓的少女人啊！她们争着出路，惊动了栖息的鸥鹭！这青春勃发的场景啊！怎不叫人常记心头，呼之欲出？

第二首，那是在清晨，在闺房窗前，昨晚，借酒浇愁；今晨，酒未醒，心仍愁，这才是"试问卷帘人"的由头。卷帘的丫头啊，你咋说"海棠依旧"？你哪里懂得我心头的离别之愁？明明是花憔悴，叶肥透！

这哪里是说花，这分明是说愁！由花及己的哀愁！

风雨摧花，如摧春色，人生的磨难，让人花容已丢。诗人李清照竟然如此生动细腻地表达了妇人之愁。

请静心地聆听《如梦令》二首吧！

朗诵、吟唱：

如梦令（二首）

李清照

常记溪亭日暮，沉醉不知归路。兴尽晚回舟，误入藕花深处。争渡，争渡，惊起一滩鸥鹭。

昨夜雨疏风骤，浓睡不消残酒。试问卷帘人，却道海棠依旧。知否，知否，应是绿肥红瘦。

朗诵报告人：

大散文家欧阳修，自称"六一居士"的他，却有一首李清照酷爱的名篇《蝶恋花》。李清照最为欣赏第一句："庭院深深深几许"，并以此为开篇，写了好几首《蝶恋花》。

独居院深闺房的少妇，登上高楼，特孤独啊。只见杨柳的树冠堆成一团

团轻雾,更像重重帘幕。挡住了视线,看不见游冶处、章台路,它们是王孙公子常去之处,那是夫婿常走之路。三月的狂风暴雨啊,摧残了春光;黄昏时分掩上了闺门,却难把春天留住。一脸愁容,含泪问花:"为什么,为什么?"落花无语,乱红不理,却随着风雨,去而不顾?

　　风雨之夜,备受冷落的少妇真情袒露! 天地如此无情,现实如此冷酷!作者借景抒情把一腔哀怨倾吐! 后人自可从中感悟……

朗诵、吟唱:

蝶 恋 花
欧阳修

　　庭院深深深几许,杨柳堆烟,帘幕无重数。玉勒雕鞍游冶处,楼高不见章台路。

　　雨横风狂三月暮,门掩黄昏,无计留春住。泪眼问花花不语,乱红飞过秋千去。

朗诵报告人:

　　苏东坡,遇坎坷,乌台诗案遭暗算。贬官黄州磨难满三年。三月七日这一天,他和同伴在途中突逢大雨湿了衣衫。他呢,依旧独行,同伴却狼狈不堪。雨过天晴,忽有感悟,便留下了这一名篇。

　　写的是景吗? ——眼前之景;悟的是理吗? ——人生哲理。

　　上阕写风穿树林、雨打花叶之景。写作者手执竹杖,脚穿草鞋,管它什么风声、雨声,只管前行! 边吟啸,边漫步,轻松潇洒走不停,远胜于那骑马人,官宦家,在世上的艰难穿行! 含蓄地启示:披一身蓑衣,无官一身轻,放浪江湖,闲看烟波,何惧风雨,嗨,自由自在度一生——"我行!"

　　下阕写酒醒感悟之理。人生的春风料峭逼人。冷啊冷,砭人肌骨,入木三分,然而,

　　毕竟雨过天又晴,斜阳照来暖七分! 回首风雨萧瑟的历程,还是回去吧,还是该江湖隐身,不以物喜,不以己悲,管它什么雨或晴,要乐观、豁达、超脱地做真人!

　　朋友,请仔细品味斟酌,认真感悟!

朗诵、吟唱：

定风波·莫听穿林打叶声
苏　轼

三月七日，沙湖道中遇雨。雨具先去，同行皆狼狈，余独不觉。已而遂晴，故作此。

莫听穿林打叶声，何妨吟啸且徐行。竹杖芒鞋轻胜马，谁怕？一蓑烟雨任平生。

料峭春风吹酒醒，微冷，山头斜照却相迎。回首向来萧瑟处，归去，也无风雨也无晴。

人间自有真情

导言：

我们这堂语文课的第二篇章——人间自有真情。

中华诗词的优良传统之一，就是"诗寄情"！于是，它的字里行间，渗透着人间真情，渗透着中华民族可贵的爱憎之情。

朗诵报告人：

马致远的一首28字的元曲小令，居然描绘了三幅图画，表达了浓烈悲凉的游子思乡之情！

第一幅图景：深秋，枯藤缠绕的老树上出现了一群乌鸦的身影，昏暗，昏黑，昏昏然迷茫不清！

第二幅图景：溪水潺潺，小桥下茅屋的窗户里，透出合家团聚的身影！那一番温馨，那一股亲情，让游子格外羡慕，格外思亲，格外动真情！

第三幅图景：憔悴的游子骑瘦马，冒寒风，在荒凉的古道上颠簸而行！马瘦，风寒，人苦，这是多么凄凉的图景，这是多么伤感的孤独而行！

昏鸦毕竟已有归宿，小屋始终洋溢温情，可游子还得身在漂泊的处境！夕阳西下，夜幕沉沉，断肠人啊，浪迹天涯难道是永远的命？

朋友，谁不落泪？谁不同情？

吟诵:

天净沙·秋思
马致远

枯藤老树昏鸦,小桥流水人家,古道西风瘦马。夕阳西下,断肠人在天涯。

(配乐声中PPT展示《黄鹤楼送孟浩然之广陵》的画面。)

朗诵报告人:

两位风流潇洒的诗人:一位是年轻快意、怀揣美好理想的李白,一位是人到中年、名扬天下的孟浩然,他们作别于长江之滨,黄鹤楼下。

文人贤士常聚的名胜——黄鹤楼,传说中仙人升天的起点——黄鹤楼,李白在此送别好友,并无常人的哀愁。因为在浪漫诗人的眼里,好友将作一次暂别华中名楼、远去江南名都,陶醉山水、放飞心灵的漫游!

然而,毕竟送别的是长兄般的挚友。李白伫立江边,眺望远去的轻舟,随江东流的一点白帆,渐渐消失在碧空尽头,惟见那江波荡漾啊,涛声依旧……这江流长啊,宛若友情之长;这波涛滚滚啊,心潮难平何时休?

好一个"下扬州"的"下"字,蹦出了浓烈的欢快之情;好一个"孤帆"的"孤"字、"碧空尽"的"尽"字,还有一个"唯见长江天际流"的"唯"字啊,在强烈的欢快背后,隐约透出一丝淡淡的眷恋不舍。这,可是一种复杂的感情!

吟诵:

黄鹤楼送孟浩然之广陵
李 白

故人西辞黄鹤楼,烟花三月下扬州。孤帆远影碧空尽,唯见长江天际流。

朗诵报告人:

苏轼,此时正在山东密州任职;已故前妻王弗安葬在四川眉山老家,相隔千里。这一天,是前妻去世十周年的祭日,现妻王润之,悉心安排了祭奠亡灵的仪式,然后,服侍了半醉的苏轼躺下休息。

夜幕徐降,朦胧入睡的苏轼,恍惚间回到了四川老家眉山,忽而见到前妻王弗灯下缝纫,陪读在身边;忽而又闻她的耳边细语:"要谨防小人的口蜜腹剑"。忽而幻现前妻病卧床榻,临终嘱托他一定要续弦……忽而小轩窗里,王弗梳妆打扮的倩影又闪现!阴阳两隔的夫妻,蓦然重逢,竟相看无语,热泪涟涟……

梦醒之后，苏轼悄悄起床，提笔沾泪写下"十年生死两茫茫"的诗篇，倾吐了肺腑之言：

不去思量啊，你的音容笑貌，我，怎能忘！你在千里外的孤坟静躺，我在这里苦苦思念，哪里才能倾诉满腹凄凉！纵使见面，你无法辨认：我，满面蓬尘，两鬓如霜。昨夜的一场梦啊，缥缈迷茫，你我相聚在梦乡，太辛酸，更悲伤。我料想得到啊，柔肠痛断处，便是那凄清落寞的月夜松冈！

这生生死死的恋情，怎不叫人潸然泪下；这真真切切的爱情，不就应该传承铭记吗？

吟诵：

《江城子》（十年生死两茫茫）
苏　轼

十年生死两茫茫，不思量，自难忘。千里孤坟，无处话凄凉。纵使相逢应不识，尘满面，鬓如霜。

夜来幽梦忽还乡，小轩窗，正梳妆。相顾无言，惟有泪千行。料得年年肠断处，明月夜，短松冈。

朗诵报告人：

陆游，南宋的大诗人，一个立志抗金，信念不变的爱国诗人。他不仅仕途生涯坎坷，而且感情生活曲折，留下了一首千古流传的爱情名篇《钗头凤》。

陆游和前妻唐婉感情笃深，却只有三年的恩爱生活，便被母亲活拆鸳鸯，燕南雁北。唐婉另嫁，陆游另娶，可他们依然备受痛苦思恋的煎熬。

这一天，陆游重游沈园，独自徘徊。忽然，他见到唐婉和改嫁后的丈夫赵士诚也来游园。他望见唐婉"人空瘦"；唐婉望见他面憔悴。不禁想起十年前新婚后，他们凭栏依偎在春波桥上的情景……唐婉差人送来"黄滕酒"，使陆游自然想起唐婉的"红酥手"，又想起母亲大人的"东风恶"，所带来的"欢情薄"……"一怀愁绪，几年离索"的痛苦岁月，让他想象起唐婉泪湿手绢，红染脂粉的情景。陆游悲叹相逢不能相聚，海誓山盟虽在，可锦书信笺却难相送，有口难言……往事历历，思绪茫茫，陆游挥毫和泪，写下了这首哀怨悔恨，又不乏抗争的词作，喊出了"错，错，错"的痛诉，发出了"莫，莫，莫"的疾呼！

悔只悔，休了前妻，屈从母命；叹只叹，断了情丝，终成绝望！他在沈园的墙上，留下了这首《钗头凤》，唱响了一曲撕心裂肺的爱情绝唱，留下了一个极想挣脱旧礼教捆绑的诗人形象！

唐婉啊，见诗心碎，她在和了一首《钗头凤》之后，便郁郁寡欢，辞别人间。于是，两首《钗头凤》便成了和泪染血的词作，成了浸透人间真情的词作，成了控诉封建专制的词作！它仿佛让人听到了一声声的哭泣，一次次的跺脚，还有那一声声的呐喊！

朋友们哪，你想过吗？咀嚼这两首《钗头凤》，品到了它们深沉的苦涩之后，你以为，我们又该珍惜什么呢？

朗诵、吟唱：

钗 头 凤
陆 游

红酥手，黄縢酒。满城春色宫墙柳。东风恶，欢情薄，一怀愁绪，几年离索。错，错，错！

春如旧，人空瘦，泪痕红浥鲛绡透。桃花落，闲池阁。山盟虽在，锦书难托。莫，莫，莫！

钗 头 凤
唐 婉

世情薄，人情恶，雨送黄昏花易落。晓风干，泪痕残。欲笺心事，独语斜阑。难，难，难！

人成各，今非昨，病魂常似秋千索。角声寒，夜阑珊。怕人寻问，咽泪装欢。瞒，瞒，瞒！

心忧国家人民

朗诵报告人：

我们这堂语文课的第三篇章是——心忧国家人民。

一个高耸蓝天的身影，屹立在江西赣州贺兰山峰。他，就是贺兰山巅郁孤台上的那位血溅战袍、泪洒宣纸的爱国词人——辛弃疾！

我曾步履匆匆，登上了台前百级石阶，跨入大门，迈上这座名胜古迹的最高层。

抬望眼——远山青青，近水潺潺，章江悠悠，贡水涟涟。辛弃疾昂首挺立的塑像，跃然映入眼帘。辛将军，凝目远眺，绿水青山，剑眉紧锁，手握龙泉；稼轩公，短须微颤，目光深邃，几多痛楚，几多悲叹！

赣江水啊,分流成茫茫的章江,默默的贡水,载去了多少耻辱的岁月,融入了多少行人的辛酸!

国势垂危啊,太后南渡,王室逃窜。刺痛了多少良将血染沙场的忠心,辜负了多少国人收复山河的期盼!不堪回首啊,民族羞辱啊,稼轩公牢记心上;大敌当前啊,复国的重任,稼轩公勇扛肩上!

这位热血沸腾的英雄啊,望江唏嘘,仰天长叹;这位挑灯看剑的忠臣,登上危楼,把栏杆拍遍。

辛弃疾痛心疾首啊,多少年奉公,鞠躬尽瘁,却换来多少年遭贬。他,闲愁不断!辛弃疾义愤填膺啊,大起大落、大进大退、大忙大闲的经历,绝非所愿;九蒸九晒、千扭万曲、水煮油煎的遭遇,他,心有不甘!

我们的辛将军啊,一腔悲怆,化作了郁孤台的喟叹;我们的大诗人啊,满腹愤慨,浓缩成"青山遮不住"的名篇:

吟诵:

菩萨蛮·书江西造口壁
辛弃疾

郁孤台下清江水,中间多少行人泪。西北望长安,可怜无数山。
青山遮不住,毕竟东流去。江晚正愁余,山深闻鹧鸪。

(配乐声中 PPT 展示《茅屋为秋风所破歌》的画面)

朗诵报告人:

在中国诗歌发展史上,出现过多少忧国忧民的诗人。从屈原开始的爱国情怀,孕育着多少诗人的成长,滋润了多少热爱华夏民族的诗篇,越是在民族危亡的时刻,百姓罹难的时刻,越是涌现大量心忧国家人民的感人精品。

五十九岁的杜甫,眼见了安史叛军动乱的灾祸,目睹了"国破山河在,城春草木深"的荒败破落……而且,自己也经历了长年累月的颠簸:他,曾被朝廷贬,被叛军捉。他,妻离子散,思亲思乡的痛苦反复经受过。这位伟大的诗人,从心中喷涌出这一篇平实而感人的佳作!

他写狂风吼,暴雨落;他写茅草飞,屋子破。他写顽童夺草,娇儿恶卧;他写长夜沾湿,雨夜难过!浓缩在一天的天灾人祸,反使他推己及人,想到天下寒士有许多许多!他,宁愿吾庐独破受冻死,不忍四海赤子寒飕飕,要以自己冻死的代价,换来大厦千万座,庇护他人却忘我!

这样的仁爱精神,这样的舍己为人,难道现代人不该大颂特颂,大说

特说？

朗诵、吟唱：

茅屋为秋风所破歌
杜　甫

八月秋高风怒号，卷我屋上三重茅。茅飞渡江洒江郊，高者挂罥长林梢，下者飘转沉塘坳。

南村群童欺我老无力，忍能对面为盗贼。公然抱茅入竹去，唇焦口燥呼不得，归来倚杖自叹息。

俄顷风定云墨色，秋天漠漠向昏黑。布衾多年冷似铁，娇儿恶卧踏里裂。床头屋漏无干处，雨脚如麻未断绝。自经丧乱少睡眠，长夜沾湿何由彻！

安得广厦千万间，大庇天下寒士俱欢颜，风雨不动安如山。呜呼！何时眼前突兀见此屋，吾庐独破受冻死亦足！

（配乐声中）

朗诵报告人：

辛弃疾的"郁孤台下清江水，中间多少行人泪"，杜甫的"大庇天下寒士俱欢颜"，都是"忧国忧民"的民族精神的写照；陆游和唐婉、苏轼和王弗的生死恋情，李白和孟浩然的真挚友情，还有那东坡先生，易安居士，太白诗仙的人生感悟，无不是哺育华夏民族的精神养料。

让我们在高歌轻吟中，启动健康的情操；在拨动心弦的古今对话中，夯实我们的文化根基，点燃我们的思想火苗。这也是语文学习，这也是文学熏陶，这也是继承优秀文化传统、培育民族灵魂的需要！

同学们，让我们高歌轻吟华夏诗韵，让中华民族的精神，万寿无疆！

说明

本课与《人啊人》的标题，都冠以"朗诵报告"之名，何哉？为配合学校进行"民族精神教育"和"生命教育"。

我不用"朗诵会"的名义，以免给人以娱乐活动的草率印象；我也不用"报告会"的名义，以免给人以"作报告"的古板印象。于是乎，杜撰了一个"朗诵报告"的名称。我要用朗诵和吟唱的形式，传授以理，我要让学生在深受感染的过程中，接受诗情文意。

两个"朗诵报告"结束时，我都向听课者提出一个问题："这算一堂语文课吗？"

我用"朗诵报告人"的名义(也曾冠以"执教人"的名义),配上音乐,以动情的朗诵,代替枯燥烦琐的讲解,甚至用押韵的语段,曼声轻音地诵读(不是背诵,不是表演,还是上课)。朗诵报告人的台词,有的是对诗词内容的提示,有的是背景介绍,有的似乎是翻译,没有固定的规范,但都有助于理解感受!

这两堂课,基本上是单向的信息输入,由我和朗诵社学生(或后来工作室的学员)共同完成。没有烦琐的报幕(相关信息,全都映现在PPT上)。经过精密时间计算,整堂课压缩在40分钟内完成。

这是"满堂灌"吗?是,也不是!

从信息的走向来说,是,但也不是。不是蛮不讲理的"满堂灌",更不是令人恹恹欲睡的"满堂灌",而是动心动情的信息传递。绝不夸张地说,每堂课进行时,都鸦雀无声,结束时,都掌声爆响。听课者的反应普遍很好!

第一版《人啊人》,曾应普陀区培佳双语学校的邀请,笔者带着海鸥朗诵社学生,在他们的操场上上课,全场一千八百名学生,自带座椅,静心听课,反响依然很好! 这样规模的课,是我的43年教学生涯中的首次,也是唯一的一次!

我的结论是:中小学生的诗词教学完全适合采用这样的形式,事实上,有的学员,在自己的教学中,也采用了这样的上课模式,效果很好!

让民族的血液流淌心中
——上海图书馆纪念国庆 60 周年系列讲座之一 ①

导言：

虽然，这个内容已经讲过几十次：从地域来说，不仅在本校，还在徐汇、普陀、闸北、虹口、杨浦、闵行、浦东、嘉定等 8 个区的许多学校宣讲过，更在陕西、江西、云南、福建等地宣讲过，还面对韩国木浦第一高中的朋友宣传介绍过；从时间上来说，从 2000 年讲到今天，共达九年；从行业来说，从教育单位，到非教育单位。但是，宣讲最多的还是中学的师生，但在这样一个特殊的日子里，在上海图书馆宣讲，面对如此规模的上海市民，这是第一次！

紧张难免，兴奋自然，激动是由衷的。谢谢大家给我一次发挥余热的机会！

我们的母语

朗诵：

我有祖国，我有母语

任卫新

我有祖国，我有母语
我的母语，是热血一般的黄河的波涛

---

① 本讲为 2009 年 10 月 5 日为上海图书馆纪念国庆 60 周年讲座的讲稿。

我的母语,是群星一般的祖先的名字
我的母语,是春蚕口中吐出的丝绸古道
我的母语,是春鸟舌尖跳动的民歌中国

我的母语,是丁香凝结的雨巷
我的母语,是傲雪绽放的红梅
我的母语,是浓得化不开的乡愁啊
我的母语,是感天动地的"六月雪",
震撼人心的"千古江山"
我的母语,是划开天幕的雷电,奏响黎明的号角

我的母语,是一种连接
我的母语,是一种文明
我的母语,是一种财富
我的母语,是一种骄傲

我有祖国,我有母语
我的母语,是小学课本里的看图说话
我的母语,是儿时镀满月光的摇篮
我的母语,是祖国版图最南端曾母暗沙的巨礁
我的母语,是地球最高处珠穆朗玛的峰巅

我的母语,是遨游太空发出的问候
我的母语,是奥运升旗奏响的国歌
我的母语,是每天新闻联播的准确报时
我的母语,是每次放飞白鸽的共和国的生日

我的母语,是一种血缘
我的母语,是一种凝聚
我的母语,是一种标志
我的母语,是一种精神
我爱母语,我爱母语
我爱祖国,我爱我伟大的祖国!

1. 我们的母语真美

我们的母语是民族的血液。中华民族大家庭,使用同一种语言,像无形的血缘关系,维系着 56 个民族,成为一种凝聚民族成员的黏合剂,成为黄皮肤、黑眼睛、黑头发的民族标志,更是一种民族精神的载体,我们的母语,承载着多少优秀经典的诗文,里面熔铸着多少由仁人志士、英雄豪杰的高风亮节所沉淀的民族精神!

我们的母语,拥有"内涵美、形式美、音韵美"的无穷魅力! 正因为这样,我们的古诗文,特别是古诗词,不仅意蕴丰富、深刻,而且具有特别的音韵之美!

我们的母语表达时,不仅有字音的不同,还有字调(四声)的变化,此外,还有语调、语气的变化,更有节奏韵律的变化,以至于我们的母语口头表达时,音高音低、音强音弱、韵律节奏波动,随着文字内涵而变化,使人在吟诵或者聆听吟诵时,得到一种音乐般的审美享受。这美妙的语音变化,可以让人有着喜怒哀乐的情感波动,甚至沉浸在特定的意境中,读者、听者可以随之而哭,哭得痛快,随之而笑,笑得爽快。从而获得一种淋漓痛快的审美享受!

高低错落的字音字调、悠扬起伏的语气语调、跌宕有致的节奏韵律变化,独特的音乐要素的渲染,极大地增强了文字的艺术感染力。

读着或听着,可以从中获得一种淋漓痛快的音乐般的审美享受!

例 1：

山中送别

王 维

山中相送罢,日暮掩柴扉。春草明年绿,王孙归不归?

短诗第一句,便是一个交代——山中送友。一个"罢"字,略过了送别的全过程。山道弯弯,友情连绵,依依不舍,从"送罢"到"日暮"的长长的送别过程,就浓缩停格在一个"掩柴扉"的画面里! 没有正面描述,却可依稀辨出过程中的情感波动。白天送别,回来已是黄昏,轻掩柴扉,难抑不舍,深深的眷恋,化为轻轻的掩门。

用母语吟诵,语调延宕,"罢"字虽是仄声字,一个短时间歇之后,还是延宕下去,无非是一种留恋不舍之情的延宕。一个略显低沉的旋律,载着"掩柴扉"几个字,让这种略显酸涩的情感,缓缓流出。

第三、四句,写春草,写环境,这是给人突兀之感的一句:送友和春草何关? 吟诵时将"明年绿"三字,略加力度,可增强听者的困惑? 然后一句"王孙归不归"语调上扬,疑惑之意,随之而出:明年春草又绿,它,一年一绿,可人呢?能不能一年一归?疑惑之后便是否定的结论,于是浓愁涌现!吟唱时,可以重复,前一句低沉下抑的语调,极显忧伤。后一句语调上扬,音高加强,更显惆怅!

久送而见深情,情深才显忧愁,这样的山中送别能不感人?

2. 我们的母语文化之一——古诗词,真棒!

古诗词言简意赅,那浸透作者情感的字字句句,能极大地触动我们的感情,激活我们的思维,从而使我们获得情操的熏陶、人格的滋养!它就是我们母语文化的重要部分。当我们用极富魅力的母语声音,表现这样精彩的诗词,能不激发我们对母语的热爱吗?

例 2:

登鹳雀楼
王之涣

白日依山尽,黄河入海流。欲穷千里目,更上一层楼。

短短二十个字,篇幅不可谓不小,但意蕴深远,哲思不已。诗人登上鹳雀楼,一览眼前中条山和苍茫雄浑的黄河,情有所动,心有所思,于是胸臆间涌动着千古妙句。

试看那夕阳,竟然白光耀眼,多情地依恋着雄浑的中条山峰,恋恋不舍地下沉,再下沉。诗人远眺此景,关怀着沉沉夕阳的余晖,看着,看着,总也割舍不了持续关注的那一份情!

转首东望,眼前浩浩汤汤黄河波涛,奔腾远去,这,又是一份割舍不去的关注……

夕阳最终如何?黄河最终如何?那尽头,总也观看不到。唯有登高,再登高……登高一分,眼宽一尺,登高一尺,眼宽一丈!唯有登高,才能放眼目力,穷尽千里……

代代流传的仅仅是二十个字吗?其实,还有那字里行间的情感流动,还有那渗入其中的哲理:

①登高,才能望远。

②望远才能正行、久行!

③要竭力寻找深入一步的壮美!

④要蓬勃向上,要激流勇进

……

这首短诗之所以流传千年,就因为它所蕴涵的哲理,就因为它有着深远

103

的现实意义。

建议这样诵读、吟唱这首短诗：

缓缓的节奏，如徐徐涌动的情思流淌，曼声轻吟那平仄交替、抑扬徐疾的变化，让人边听边思，有了足够的思考空间。

"千里目"的语调高扬，激励人们的持续观望："更上一层楼"。"楼"字的诵、吟，慢声细语，久远不已，给人以遐思远想的余地。

例3：

破阵子·为陈同甫赋壮词以寄之

辛弃疾

[看　剑]　　　　　　　　　　　[点　兵]

醉里挑灯看剑，梦回吹角连营。八百里分麾下炙，五十弦翻塞外声。沙场秋点兵。

　　　　　　[杀　敌]　　　　　　　　　　　[长　叹]

马作的卢飞快，弓如霹雳弦惊。了却君王天下事，赢得生前身后名。可怜白发生。

公元1188年，陈亮到江西信州带湖拜访辛弃疾，两人一起议论国家大事，谈得十分投机。次年(1189年)，辛弃疾写下了这首词。

此时，年近知命的诗人，已被罢官九年！此间，宋、金两国仍处于对峙状态，但有二十多年没有发生大的战事，于是，南宋朝廷便一味苟安，不谋收复中原大业。而辛弃疾虽处困境，却时刻不忘国耻，时刻把复国大业挂在心上……

《破阵子》中的"醉""梦"部分，占据了主要篇幅，辛将军"看剑""点兵""杀敌"，一气呵成，淋漓痛快地一吐胸臆——

孤愤郁闷—慷慨雄壮—奋发激壮的情感，递进倾吐！

最后几句的"长叹"，尤其是最后一句："可怜白发生"，喷发的是"愤懑悲壮"之情。

字里行间渗出浓浓的爱国之"情"，让人强烈感受到作者寄寓其中之"志"——忠心报国，收复中原，矢志不渝！

如果用我们极富魅力的母语，加以琅琅诵读，我们自己也会怦然心跳，慨然激动。

3. 我们传统的诵读、吟唱方法，真好！

音乐性更强的吟唱方法，能格外有声有色地表现诗词的"情"和"志"。

诗词的文字是平面的，但它们是有生命的，也是有血有肉立体的！贴近作品内容的诵读、吟唱，就能够让平面的文字，站立起来，让诗中的人物活起来，让诗中的画面，动起来，激活自己和聆听者的思维，沟通相互的感情，让思想涌动起来！

要用传统的诵读、吟唱方法，学习优美的古诗词，尽显母语的美好，从而让民族的血液——母语，尽情地流淌在我们的心中！

吟、诵、唱值得推介

1. 古今诗词诵读的区别

何谓"诵读"？——高声琅琅，有感情地表达诗词的内容。古今诗文诵读一概如此。

那么，古今诵读的区别何在呢？

首先是语音的区别。

复旦大学张世禄教授曾说："诵读古诗文，不应该，也不可能大量使用中古汉语、甚至上古汉语的读音；对于今天的读者来说，就是应该使用现代汉语普通话。"

张教授言之有理。今人诵读古诗文，大可不必严格遵循古音，因为事实上，古音究竟如何，一般人无从查考，焉能苛求？更何况今人诵读的目的，除了自我陶冶之外，往往还供人聆听、与人交流，以求共鸣。刻意追求古音，只会人为地设置沟通的障碍。只有个别字词，不用古音诵读，则不利于内容表现，不利于体现音韵格律的时候，才可以采用所谓的"古音"。

例如朗诵刘禹锡《乌衣巷》时，将"乌衣巷口夕阳斜"的"斜"（xié）字，临时改读为"xiá"音，那么全诗便有了前后一致的押韵效果，听来琅琅入耳。

如诵读：

乌衣巷

刘禹锡

朱雀桥边野草花（huā），乌衣巷口夕阳斜（xiá）。

旧时王谢堂前燕，　　　飞入平常百姓家（jiā）。

又如诵读李白《赠汪伦》时，李白的"白"字，可以改念[bó]（或[bé]），就能让全诗的平仄格律，协调表现如下：

李白乘舟将欲行，忽闻岸上踏歌声。桃花潭水深千尺，不及汪伦送我情。

其次是节奏的区别：

汉语是讲究节奏的语言。汉语的"独体单音"特色造成古代诗文的"顿挫律动"的特点。相比之下，这种节奏律动，在诗词方面尤其明显。南京师范大学中文系陈少松教授说："传统的'诵'法读七言律绝，每两字一顿，末字

单独一顿(三字尾也可处理成一二),每句'平长仄短'很分明。"五言律绝则是"二二一"三顿,也有称之为三个"音步"。(当然也有变化为"二一二"三顿的。)

在近体诗的诵读中,这样的节奏要求更加严格。而现代诗歌的诵读,就没有这样固定的节奏变化。

(1)古典诗歌诵读。

登鹳雀楼

王之涣

白日\依山\尽,黄河\入海\流。欲穷\千里\目,更上\一层\楼。

饮　酒

陶渊明

结庐\在\人境,而无\车马\喧。问君\何\能尔?心远\地\自偏。
采菊\东篱\下,悠然\见\南山。山气\日夕\佳,飞鸟\相与\还。
此中\有\真意,欲辨\已\忘言。

(2)现代诗歌诵读。

风筝老人

夏春华

晴天的公园里,总见一位老人
把美丽的风筝送上蓝天

是要把一辈子的人生烦恼托付风筝
统统埋进云层的座座雪山?
或者,令风筝在蓝色原野的白色帐篷里
寻回逝去的童年?

长长的线呵,长长的线
电话线一般从云端垂至公园
谁能赠老人一个神奇的电话号码
让他跟自己的童年对话问安?

黄昏时老人收回风筝
我仰望天空
仍有风筝的影子翱翔云端

再次是吐字运气的区别：

古诗文的诵读，比较强调有韵味，这韵味就体现在吐字运气的腔调，通俗地说，就是有点"拉腔拉调"。往往在每个音步之间，根据内容，或长或短，留有余地。但一般来说，都要将尾字字音略微延长些（尾字若是仄声字，便要戛然刹住，留下无声的后续空间；或可在刹住后略一停顿，再接上一个延伸字音）。

如：
江 雪
柳宗元

千山——鸟飞—绝……，万径—人踪—灭……。
孤舟——蓑笠—翁——，独钓—寒江—雪……。

吐字的长短是体现韵味的技巧之一，吐字本身的讲究，也很重要。一般说来，古诗词的吐字要求"字正腔圆"，或言"吐字饱满"。即要求将每个字的"声母、韵母"完整吐出，在处理延长音的时候，韵母尤需强调，这样，古诗词的押韵效果更加明显，更加入耳动听。

如：
听 弹 琴
刘长卿

泠泠——七弦——上，静听——松风——寒。（h—an‑—）
古调—虽自—爱，今人——多不—弹。（t—an‑—）

总之，古今诗歌的诵读区别有三：读音、节奏、吐字。但是主要的区别还在于后两者。

对于诗词诵读的吐字要求，可概述为：吐字饱满（吐字归音），拿腔拿调，运气自如。

2. 关于古诗词的"吟"

（1）什么叫古诗词的"吟"？它和今天的"诵读"有何区别？

按《现代汉语词典》的诠释，"吟咏"是"有节奏有韵调地诵读（诗文）"。这是比较宽泛的定义。它强调的是"节奏感""韵律感"。其实，这也是古诗词诵读的重要特点。但是"吟"的节奏感、韵律感胜于古诗词的"诵"，当然，远胜于现代诗歌的"诵读"。

其一，古诗词"吟"的节奏感，明显强于现代诗歌的诵读。有人说："吟，有音阶，是像唱歌一样的诵读。"（见于《"中华吟诵学会"工作介绍》中《吟诵的界定》）

扬州中学王舒成老师这样定义："吟诵，是我国传统的读诗读词和读文

的方法。所谓'吟',就是拉长了声音像歌唱似的读。"王老师强调的是"吟"即"拉腔拉调"、似"唱"的读。

可以这样说:"吟"的本质也是读,是像唱歌似的诵读,夸张的诵读。

其二,就是"声调",就是"韵律感"。

这种声调,不仅仅是朗读的语调,更是带有较强音乐性的语调,一种近似于"唱"的语调。

郭沫若先生曾有这样的说法:"中国旧时对于诗歌本来有朗吟的办法,那是接近于唱,也可以说是无乐谱的自由唱。"而赵元任先生的说法更为直白:"所谓吟诗吟文,就是俗话所谓叹诗叹文章,就是拉起嗓子来把字句都唱出来,而不是用说话时或读单字时的语调。这种吟法若是单取一两句来听,就跟唱歌完全一样"。

上面两位老专家的看法都强调古代的"吟咏",近似于"唱"。那就是说,它的"声调韵律"的强化,便是音乐性的强化,这种有声阅读,就是接近于"唱"的吟读。

(2)什么是传统的"吟"?

"吟,即吟咏;诵,即诵读。吟咏的对象多是诗词,诵读的对象多是文赋。吟咏一般有音阶曲调,但是也有个别的没有音阶曲调。"

"吟诵有广狭之分。广义吟诵,当指世界上所有语言中的吟诵现象。次广义吟诵,当指各国各民族对于汉语古典诗词文赋的吟诵。比如日本、朝鲜、越南以及中国多个少数民族都有汉诗文吟诵。狭义的吟诵,当指次广义吟诵中的"私塾调",即通过私塾、家学等教育系统代代相传的吟诵,而非直接用民歌、戏曲等方式来吟诵诗文。狭义吟诵即"中华吟诵",是中华吟诵学会的主要工作内容。我们也用这个概念申报世界级和国家级非物质文化遗产。"①

我们这里要说的"吟",是"传统的吟"。

南京大学著名教授陈少松先生曾在他的《古典诗文吟诵》一书中有如下的叙述:"……有的是用传统之法吟诵的。这种吟诵行腔使调时与诗词作品的平仄安排密切相关,最基本的一个特征是,节奏点上字音的时值处理一般为"平长仄短";其吟诵调来自师授、家传,或长期流传于某一地区。"

陈教授和吟诵学会文件所述,都强调传统"吟",是来自"私塾""家学"(或叫"家传"),强调"平仄"处理上的"平长仄短"。

请欣赏几段传统的"吟":

《诗经·伐檀》(萧善芗)　　　《满江红》(范敬宜)

《回乡偶书》(佚名)　　　　　《寻隐者不遇》(佚名)

---

① （上面两段文字均见于《"中华吟诵学会"工作介绍》中《吟诵的界定》）

《静夜思》(戴学忱)

（3）传统吟咏(唱)的可受性问题。

笔者在有限的视听中有所发现,那就是口耳相传的前辈吟咏(唱)的可受性问题。

作为个性化的传统吟咏(唱),主要是一种自我品赏,自得其乐地体味诗词的读书方法。因此,对它的审美要求不应过高,只要自己满足即可。但是今天,作为亟需传承、推广的吟咏(唱),就必须考虑他人能否接受的问题,必须考虑其音乐旋律的可受性问题。在语文教学中,教师就面临学生能否接受和接受程度的问题。

然而,部分传统吟咏(唱),恰恰有着先天的不足。

其一,吟法凝固,用一种曲调,吟唱同类作品,变化不大,效果不是很理想。

其二,不少传统吟调,音高、音低的变化,旋律、节奏的变化,比较简单。有的聆听效果不佳,与现代人的审美习惯,差距甚大,尤其不易为现代青少年所接受。

其三,部分传统吟调,因为吟咏(唱)者个人条件的局限(例如年事已高,导致吐字含糊、运气不足、音准不佳,再加上方言浓重等)给传播推广带来一定的困难。

如:传统吟唱《寻隐者不遇》的曲谱:

$$\underline{6} \quad 6 \cdot \underline{3} \quad \underline{3} \quad \underline{6\,3} \cdot \quad | \quad 3 \quad \underline{6} \quad 3 \quad \underline{6} \quad 3 \quad \underline{6\,5} \cdot \quad |$$

松　下　问童子　　言师　采药　去

$$\underline{3} \quad 3 \cdot \quad \underline{6} \quad \underline{6} \quad \underline{6} \cdot \quad | \quad \underline{6} \quad 6 \quad \underline{3} \quad \underline{5} \quad \underline{5\,3} \quad \underline{6\,5} \quad 3 \quad |$$

只　在　此山中　　云深　不知　处

这首作品的吟调,局限于三个音阶(3、5、6),起伏变化单调。四个句子的尾调,就是"6—5""6—3"。从音乐旋律来看,听不出上句、下句的对应规律。第1、4两句尾调相似("6—3""6—5—3"),第2、3两句尾调相同($\underline{6\,5}$·)。第四句听不出结尾的感觉。

所以,传统吟咏(唱),除了应该及时抢救、研究、保存之外。还应该重视——"传统吟读的现代化转型"问题(后面有专题讲解)适当改造、修饰,使之适应现代人的审美习惯,以便于推广流传。如果说,将狭义的吟咏(唱),归为传统吟咏(唱),并称之为"旧调",那么,将经过今人改造、修饰的旧调,不妨称之为"新调"。我以为继承传统不妨可以理解为既继承"旧调",又不排斥"新调";既可以推广学习"旧调",也应当推广经过改造的新"旧调"。

3. "吟"和"唱"的区别

（1）有变无变。

"吟"的特征之一是个性化。上面说的"自由"就是"个性化"的意思。同一首诗文，允许不同的人，有不同的吟咏，甚至允许同一个人，在不同时间，随着对诗文理解的深化，可以有所不同。正如赵元任先生在他的《新诗歌集》的"序"里，这样说："吟诗没有唱歌那样固定……吟诗每次换点花样是照例的事情，两次碰巧恰恰用一样的工尺倒是例外的了。"相对于"唱""吟"的音高音低、音强音弱，节奏变化，显得比较自由，而非凝固不变。

由此而引出的一个问题便是：今人要不要模仿"传统的吟咏"调子？

笔者以为不必。即便健在的前辈，甚至得到国学大师亲授的前辈，他们的吟咏，也许惟妙惟肖，神似前辈，实属嫡传，可是也一定会有所变化。因此"变"就成了"吟"的重要特点。

而一般说来，歌曲比较严格，是不准随意改变曲谱的演唱，所以，"不变"似乎是"唱"的一条刚性原则。当然，不同的演唱者还是会有风格的变异。

综上所述，可概括为："吟"是"个性化的自由吟咏"，"变"就是应有之义；"唱"是严格照谱进行的演唱，"不变"是规定之则。时代的变迁，审美需求、审美标准的演变，决定了今人的吟咏，应该是一种很负责任的自由吟咏。

（2）有谱无谱。

驰名中外的古典诗词专家，加拿大籍华人学者，现南开大学古典文化研究所所长叶嘉莹教授曾有这样的观点：

"吟诵者实在应该乃是读诵者以自己的感受，用声音对诗歌做出的一种诠释，每个人的感受不同，所做出的诠释自然也应该有所不同。如果将之制定为一个固定的曲调，则势必形成对个人感受的一种限制和扼杀，所以诗歌吟诵之决不可流为唱歌，可以说乃是诗歌吟诵中的一个极为重要的基本原则。……中国古典诗歌之吟诵，则不仅不可流为歌唱，并且也不应该成为一种表演。"

叶教授的话，给了我们这样几个信息：一是"吟"的是声音化的个人感受（同于上面几位大家的观点，也即个性化的意思）；二是承认"吟"的可变性（也同于上面的观点）；三是不能谱成固定的曲调。也就是说——"吟"无谱，"歌"有谱。

笔者以为叶教授的"无谱说"，强调的是不要用谱将"吟读"的声音曲调固定化，也就是可以而且应该允许有变化。但是笔者在实际教学和推广吟、唱的过程中，学员普遍呼吁要给予曲谱，否则，下课即忘。尤其是在功利化的今天，中高考不考的"吟唱"，学生不太愿意花大力气学会。而有了曲谱，就便于初学者依谱入门，这实在是雪中送炭之举。事实证明，愿意传承的学生是欢迎有谱的吟咏的。

因此,有谱无谱可以是"吟"与"唱"的区别,但并不绝对,因为毕竟音乐性强于"诵读"的"吟咏",是可以用曲谱加以记录而便于推广的。

（3）有无配乐。

反思我的实践,只能说明,诗文吟咏配上不协调的伴奏,实属画蛇添足;而合乎诗文吟咏的配乐,则是锦上添花。由此可见,不能断言:吟咏不能配乐伴奏!

如陈少松教授吟咏《巴山夜雨》《枫桥夜泊》就是在民乐的伴奏下进行的。

（4）重语言还是重音乐。

"吟"重吐字的清晰,重语词的体味、鉴赏;"唱"重曲调的悦耳,重节奏旋律的可赏性。前者重语,后者重曲。前者重内容,后者重形式——音乐。这又是一个重要的区别。但是,它们之间并不对立,即音乐性较强的唱,是对歌词语言的美化,是形式为内容服务的需要!

至此,笔者的结论是:这四个区别(有无变化、有无曲谱和有无配乐伴奏、重语言还是重音乐),是目前"吟"和"唱"的区别,其中"有无变化"的区别,其实质就是"强调'吟咏'的个性化、自由化"! 中间两个区别,恐怕已经逐渐被模糊了。倒是"'吟'重'语言','唱'重'音乐'"的区别也还存在。所以,"四别"该成"两别"了。

『我骄傲，我的母语，我的古诗词』朗诵、吟唱汇报会

母语，真美；涵咏，真棒！

（徐汇区部分中学古诗词联吟合诵）

(1) 五十四中学昆歌演唱：

        杜甫绝句一首《迟日江山丽》

        苏轼《饮湖上初晴后雨》   指导教师：聂　伟

(2) 汾阳中学：朗诵、吟唱 孟郊《游子吟》   指导教师：陈华香

(3) 龙华中学：朗诵、吟唱 王之涣《登鹳雀楼》   指导教师：刘春艳

(4) 位育高级中学（国际部）：朗诵、吟唱 孟浩然《春晓》（德国留学生）

                                     指导教师：林凤慧

(5) 市二初级：朗诵 李白《结袜子》   指导教师：朱　侃

(6) 市二中学：朗诵、吟唱 陆游《咏梅》   指导教师：朱　侃

(7) 市二初级：朗诵 辛弃疾《菩萨蛮》   指导教师：朱　侃

(8) 市二初级：朗诵、吟唱苏轼《念奴娇·赤壁怀古》   指导教师：朱　侃

诗歌涵咏，响起来，人物景象，活起来！

1. 彭世强名师工作室演出
(1) 吟诵：陶渊明《归去来兮辞》(节选)　吟诵者：周振甫
(2) 吟、诵：柳　永《雨霖铃》　　　　　吟诵者：张双桥、刘　丽
(3) 吟唱：苏轼《江城子·乙卯正月二十日夜记梦》
　　　　　　　　　　　　　　　　吟唱者：刘芸、徐莉萍、钱敏华
(4) 吟唱：李清照《行香子》　　　　吟诵者：陈华香、林凤慧、刘侠、
　　　　　　　　　　　　　　　　　　　　朱侃
(5) 吟唱：李白《静夜思》　　　　　演唱者：工作室导师和学员，
　　　　　　　　　　　　　　　　　　　　以及他们的子女和儿孙

2. 上海图书馆朗诵团演出
(1) 吟、诵：李清照《如梦令》　　　朗诵、吟唱者：上图朗诵团　速
学敏

　　　　　　　　　　　　　　　　配合吟、诵者：上图朗诵团团员
(2) 朗诵：李白《将进酒》　　　　　朗诵者：上图朗诵团　金芝仁
　　　　　　　　　　　　　　　　配合朗诵者：上图朗诵团团员
(3) 吟、诵：白居易《卖炭翁》　　　朗诵、吟唱者：上图朗诵团　张　浚
　　　　　　　　　　　　　　　　配合吟、诵者：上图朗诵团学员

静心作欣赏，醉心品古韵

(1) 吟诵：范仲淹《岳阳楼记》吟诵者：上师大附中退休教师、
　　　　　　　　　　　　　　　唐调传人　萧善芗
(2) 朗诵：李清照《声声慢》　朗诵者：上海东方广播电台节目主持人、
　　　　　　　　　　　　　　　金话筒奖获得者　　　　方　舟
(3) 评弹：王维《山居秋暝》　演唱者：上海评弹团优秀青年演员、
　　　　　　　　　　　　　　　江浙沪评弹大赛金榜提名者
　　　　　　　　　　　　　　　　　　　　　　　　陆佳伟

　　　　　　　　　　　　伴唱者：工作室学员
(4) 吟唱：陆游、唐婉《钗头凤》吟唱者：上海东方广播电台主持人、
　　　　　　　　　　　　　　　金话筒奖获得者　　 张　培
　　　　　　　　　　　　　　　上海市特级教师、
　　　　　　　　　　　　　　　徐汇区彭世强语文工作室主持人
　　　　　　　　　　　　　　　　　　　　　彭世强

113

(5)独唱:《江雪》　　　　　　　演唱者:徐汇区教工合唱团　　　　桂　敏

配诵者:徐汇区教学指导团导师、

徐汇中学高级教师　　　沈玉麟

(6)朗诵:陈毅《梅岭三章》《青松》

朗诵者:著名电影话剧表演艺术家　冯淳超

吟唱配合者:　　　　　　　　彭世强

(7)朗诵:欧阳修《醉翁亭记》　朗诵者:上海市语协副会长、

上海市特级教师

复旦附中前校长　　　　过传忠

(8)朗诵:杜甫《蜀相》　　　　吟、诵者:原上海青年话剧团团长、

白玉兰戏剧表演奖获得者、

话剧表演艺术家　　　娄际成

尾　声

全场集体朗诵 《我骄傲，我的祖国，我的母语》

领诵者:东方广播电台著名主持人、

全国金话筒获得者、诗人:陆　澄

名师工作室学员:刘　侠、薛　垣、刘　芸

说明

这是一次典型的展示演出,形式上没有什么创新和突破,但是,这又是一次十分难得的展示活动。

经典诗词的有声阅读(朗诵、吟唱、歌唱等),除去在课堂里进行之外,完全可以也应该实施课堂外的展示演出。随着应试压力的增大,此类活动的举行,困难越来越大,但是它的价值依然不减!

这次展示演出的特点有三:

一是参与者的多元化:有高初中学校师生,有老、中、青甚至儿童的共同参与;有业余的语文教师和半专业的上海图书馆朗诵团的团员(来自各条战线);还有专业的演员、主持人、播音员。还有幸的是四位来自德国的中学生,热情很高地朗诵、吟唱了《春晓》,此外,还临时邀请了一位日本友人,用日语吟咏了一首唐诗。

二是播下了朗诵、吟唱古诗文的种子:参与演出的中小学生有二、三百人之多! 他们虽然只演出展示一两个节目,但是,吟诵的种子留在了他们的心里。四位德国留学生,本想让他们朗诵《春晓》即止,居然引起了他们的不

满,并强烈要求让他们继续吟唱!现场吟唱时,四人的配合出现了一些问题,可是台下的观众报以热烈掌声以资鼓励!中国的古诗词吟唱,由几位外国中学生担当,这就是一种可贵的传播啊!他们就是宝贵的种子!

几年后,我在徐汇区朗诵比赛中,看到了毕业于龙华中学(《登鹳雀楼》的朗诵、吟唱者)的那位学生,高高大大的个子,浑厚的嗓音,相对完美的朗诵时,我欣慰地笑了,一颗种子发芽了!

十年后的2018年,我亲耳听到上海朗诵团的两名骨干成员黄雷和速学敏对我说:"彭老师,我们经常在各种场合,展示你教我们的《如梦令》二首的吟唱诶!"这又是两颗传播吟诵的种子。有意思的是:这两首小令的吟唱,是20多年前我从唐(文治)调传人萧善芗老师那里学的,经过我的传授,她们又传播出去了,好可喜的种子啊!

其实,我的工作室学员十五名,参加展演的还不止十五人,他们个个是种子,因为他们十年来或多或少地在语文基础课、拓展课上,教会了学生朗诵、吟唱古诗词,虽然他们中不乏简谱不识或五音不全者,但是他们还是承担着学习和推广的任务!

三是专业和业余互补的展示活动。

有人曾埋怨道:"为什么要请专业演员展示呢?那不就将我们业余的师生朗诵、吟唱给比下去了吗?"其实不然,全场三个部分的展示,由学生到工作室教师,再到上图朗诵团,最后是专业演员的朗诵。这样的朗诵水平,逐步提升,可让大家看到差距,有利于提高,这次展示,根本不是为了比较优劣、评比获奖,而是为了交流,取长补短!其实有的专业演员,也从我们的吟唱中,开了眼界,岂不互补互利?

但是,这次活动也有一些遗憾。

我和已故著名主持人、金话筒获得者张培老师,曾排练了陆游、唐婉的《钗头凤》,排练中,张培老师提出了十分宝贵的修改意见,我们的合作留下了排练录音,却未能上台展示,那是因为张老师身体不适,婉言谢绝了演出。更遗憾的是第二年,她竟溘然离世,我们的合作永远不能实现。

著名的话剧表演艺术家,两次白玉兰戏剧表演奖获得者娄际成老师,因为住院手术,也未能将他极富特色的《将进酒》朗诵奉献给师生。

这是一次值得回忆的活动,因为如今开展这样的活动,困难更大了。工作室结束了,学员们再也无暇参与了;一次活动集中那么多学校、那么多师生参与,也是难得的,更加上有这么多优秀专业演员、主持人的参与,就更加难得了。

因为难得,就迫使我寻求新的形式,新的途径,来继续我的吟诵传播推广活动。

醉醒诗仙，浪漫李白

主讲人：

大唐，这是涌现诗星的时代。诗仙——李白，就是这个时代里，一位不易读懂的诗人。

有人说，他是一位"儒、仙、侠"三位一体的诗坛明星；也有人称他为"一身傲骨，放荡不羁"的千古奇才。可我还要说：李白就是李白——一个"不可复制"的文人，也是无法全然读懂的一位令后世骄傲的伟大的天才诗人！

李白醉了

[音乐声中，现场朗诵]

"李白斗酒诗百篇，长安市上酒家眠。天子呼来不上船，自称臣是酒中仙。"

古往今来，可曾见如此可爱的诗人？

李白醉了，什么天子，什么王侯贵胄（zhòu），都湮没在李白的酒里，幻化出一个任情恣性的诗仙——"我本楚狂人，凤歌笑孔丘。"千古一醉，快哉，李白！

李白有幸，生长在盛唐时代；李白不幸，不能在这个盛世经邦济国。秉承儒家教诲,李白是个积极的入世者,然而,他的梦想一次次破灭。但他没有哀叹,没有悲吟,在浩浩唐风里,李白,将他对理想的讴歌,对未来的向往,对人生的礼赞,都融入到酒里,飘荡在诗中……

李白醉了,醉了的李白尽情地挥洒着他的真性情,奔放着他那狂放不羁、乐观自信的思想,抒发着他对现实的愤懑。……只有在醉中,醉眼看人生,人生才有了诗意;朦胧看世界,世界才显得清纯。

李白,只有醉了。

醉中的李白与月对望:"举杯邀明月,对影成三人"。李白的这些诗句不是写出来的,而是从心里流出来的。孤独的月亮阅尽了千古风流,人间的一切似乎全看在眼里,又似乎全不在眼里。这样的月亮融进李白的酒杯,怎不使醉中的李白凡心顿释,俗念全消呢? 诗、酒、月啊,月在酒里,酒在诗中,一个飘飘然然的诗仙在千年的月下独酌。

李白醉了,可世人都在"醒"着。

"醒"着的世人知道:做官与处世永远比作诗填词重要得多。世人似乎只是把诗文当作一种风雅的象征,一种仕途生活的点缀。然而,醉了的李白,却整个儿把自己释放在一个美的天地,展示了另一种诗意的人生。李白,神采飞扬、逸兴满怀地在奇山秀水间飘荡,以他独特的人格魅力俯视人寰,傲视众生。

只有月,才知他的情思;只有酒,才解他的豪气;只有诗,才能诠释他的性灵。李白,以山为笔,以水为墨,把自己浪漫成了不老的艺术形象——一个醉人的诗仙。

沐浴着如霜的月色,我也醉了,醉在了一个梦到李白的梦里。

(彭世强改编自水风同名散文诗)

寻踪赏诗

主讲人:

让我们沿着李白的人生足迹,鉴赏他的诗作,体味他如何借月寄情,靠酒解气,以诗歌释放灵性的吧!

读书漫游时期(公元 701—742 年)——潇洒

主讲人:

少年李白熟读儒学,在匡山脚下大明寺,两度进入,苦读共五年。有诗云:"十五观奇书,作赋凌相如。"呵,口气大如天! 深受道教影响,好剑术,尚侠义,可谓儒、道两家学问,皆入心田。他既想入世济国,才华施展;又想隐

117

居山林，淡泊超然。这种入世与出世的矛盾思想，他，终生贯穿。

青年李白辞别家乡青莲，开始了漫游四方，游学访友，问道寻仙……

湖北江陵道人司马承祯为他点赞，赞他"仙风道骨"，于是乎，李白写下《大鹏赋》，将他的壮志抒展。

湖北荆门，天光云影，山水妙幻。年轻的李白，激情满满，但是乡愁也随之涌现！

[聆听诗歌《渡荆门送别》的朗诵、吟唱]

渡荆门送别

渡远荆门外，来从楚国游。

山随平野尽，江入大荒流。

月下飞天镜，云生结海楼。

仍怜故乡水，万里送行舟。

主讲人：

此后，又游武昌赤壁，登黄鹤楼，上匡庐山，写下《观庐山瀑布》（日照香炉生紫烟，遥看瀑布挂前川。飞流直下三千尺，疑是银河落九天）。到安徽又写下《望天门山》（天门中断楚江开，碧水东流至此回。两岸青山相对出，孤帆一片日边来。），两首短诗，千古流传哪！

江南之行，并不顺然。抵金陵，有过"十谒朱门九不开"的遭遇，但李白依然纵情山水，自慰自安。谁知道，抵达扬州，病贫双添！

他既写了《金陵酒肆留别》（风吹柳花满店香，吴姬压酒唤客尝。金陵子弟来相送，欲行不行各尽觞。请君试问东流水，别意与之谁短长），又写了《静夜思》至今流传！

[现场听、学：诵、吟、唱]

静 夜 思

床前明月光，疑是地上霜。举头望明月，低头思故乡。

主讲人：

李白27岁娶了前宰相许圉[yǔ]师孙女为妻，便在安陆有了十年逗留。不过，十年间多次外出，会见诗朋好友。

曾于江夏（武昌）会见孟浩然；又送别孟浩然赴广陵（扬州）一游。年轻气盛的李白，漫游河山，结识文友，分分合合，免不了喜忧常有。然而，这一首送别诗（《黄鹤楼送孟浩然之广陵》），不同于常人之作。开篇就见他，兴奋之情涌上心头！然而，当孤舟远行，船影将逝去在江天一线的尽头时……他凝视的目光里，流露出了依依惜别的一丝伤愁……

[听、学诗歌朗诵录音、现场听吟唱]

黄鹤楼送孟浩然之广陵

故人西辞黄鹤楼，烟花三月下扬州。孤帆远影碧空尽，唯见长江天际流。

主讲人：

30 岁那年暑夏，隐居终南山，写了《山中问答》（"问余何意栖碧山，笑而不答心自闲。桃花流水窅［yǎo］然去，别有天地非人间"）。

37 岁时，许氏病逝，李白移居山东，有了第二次婚姻，但不久分手而离家。

长安三年时期（公元 742—744 年）——坎坷

主讲人：

42 岁时，玄宗诏见李白进京，他竟出狂言——"仰天大笑出门去，我辈岂是蓬蒿人"，呵呵，气势豪迈！

人到中年，步入最高政治殿堂——皇宫，李白喜出望外。然而，俯首为奴的御用文人经历，与他"狂人"的个性，绝不合拍！于是，在醉吟"天子呼来不上船，自称臣是酒中仙"的之后，李白又跳出了宦海！

不料想，政治上的落魄，换来了创作上的巨大成功，幸哉，幸哉！

挫折，猛然催醒了酒醉的李白！一首《行路难》，虽然不乏愁怨，但最终还是铿锵慷慨！

[聆听现场朗诵]

行 路 难

金樽清酒斗十千，玉盘珍羞直万钱。

停杯投箸不能食，拔剑四顾心茫然。

　　　　［开篇惆怅茫然］

欲渡黄河冰塞川，将登太行雪满山。

　　　　［进而激愤郁闷］

闲来垂钓碧溪上，忽复乘舟梦日边。

　　　　［转而憧憬未来］

行路难，行路难，多歧路，今安在？

[忽而困惑难耐]

长风破浪会有时，直挂云帆济沧海。

[最终振奋慷慨]

主讲人：

李白感情的跌宕起伏，同样体现在同期诗作《月下独酌》，官场受挫，李白对月抒情，举杯独酌……

[聆听朗诵录音]

月下独酌

花间一壶酒，独酌无相亲。举杯邀明月，对影成三人。

[孤而不孤]

月既不解饮，影徒随我身。暂伴月将影，行乐须及春。

我歌月徘徊，我舞影零乱。醒时同交欢，醉后各分散。

[不孤也孤]

永结无情游，相期[约]邈[miǎo]云汉[天河]。

[天国寻不孤]

主讲人：

李白邀明月，携身影，同饮共舞！但是，月、影还是不能完全驱走心中的孤独。然而孤傲的李白，最终还是能在未来的相约中，得到鼓舞！

再度漫游时期（公元 745—755 年）——慷慨

离开了京都，李白再度开始了"十载漫游"东西北南。诗仙辞别了官场，看透了腐败的政坛；他步入了民间，眼见了战争给百姓带来的苦难。此时的青莲居士，将愤世嫉俗的痛恨和对自由未来的向往，融入了酒中，渗透在诗作的字里行间！

[现场朗诵]

将进酒（52 岁时作）

君不见黄河之水天上来，奔流到海不复回。君不见高堂明镜悲白发，朝如青丝暮成雪。

人生得意须尽欢,莫使金樽空对月。天生我材必有用,千金散尽还复来。

烹羊宰牛且为乐,会须一饮三百杯。岑夫子,丹丘生,将进酒,杯莫停。与君歌一曲,请君为我倾耳听。钟鼓馔玉不足贵,但愿长醉不复醒。

古来圣贤皆寂寞,惟有饮者留其名。陈王昔时宴平乐,斗酒十千恣欢谑。

[忧愤叙心志]

主人何为言少钱,径须沽取对君酌。五花马,千金裘,呼儿将出换美酒,与尔同销万古愁。

[狂愤出豪言]

主讲人:

李白,只有醉了!因为醉眼看人生,人生才有了诗意;朦胧看世界,世界才显得清纯。只有醉了,才能甩开悲愤,只有醉了,才能超脱现实,只有醉了,才能畅想未来!

[现场互动诵读、吟唱]

赠汪伦(54岁时作)

李白乘舟将欲行,忽闻岸上踏歌声。
桃花潭水深千尺,不及汪伦送我情。

安徽泾县太平湖畔的桃花潭,水面开阔,潭水悠悠。当地文人汪伦,深知李白好游山水,爱品美酒,便以"此地有十里桃花、万家酒楼"之名,函邀李白到此一游。

应邀而往的李白,实地一看:未见所有!汪伦笑而解释:"桃花潭水宽阔十里,故称'十里桃花';酒楼主人姓万,岂非'万家酒楼'?"

然而,汪伦献上的锦缎,献上的美酒,献上他真诚的热情,让李白兴味益然,到此一游。

临别登上小舟,忽闻岸上送别的歌声,随风漂流……诗仙李白心有所动,一首佳作,立马写就!

身经战乱时期(755—762年)——悲壮

主讲人：

步入晚年的 55 岁李白，又目睹了安史之乱！

长安沦陷，唐玄宗李隆基携杨贵妃狼狈逃窜。贵妃被处死于马嵬坡兵变，玄宗西逃途中发出命令，要众王子率兵平定叛乱。永王李璘便借机率兵东下江南，途经庐山，听说大诗人李白隐居此间，三请李白进入其幕府，李白应邀参与征战。

不料想，从此卷入了已宣告登基的太子李亨和永王李璘的宫廷争乱。结果李璘自杀，李白被流放夜郎，政治蒙难！途经奉节，突然获朝廷大赦！他东返江陵，途中写下《早发白帝城》这一首名篇！

[学朗诵、听、跟吟唱]

早发白帝城(59 岁时作)

朝辞白帝彩云间，千里江陵一日还。

两岸猿声啼不住，轻舟已过万重山。

醒醒了的李白，下江陵，游洞庭，至岳州，到零陵，返江夏，上庐山，游皖南，来往于金陵(南京)、宣城(安徽东南)之间。中途病倒在马鞍山当涂。62 岁那年完成了《临终歌》以后——病故此间。

一代天才、精英李白，终于明星陨落，世人叹惋！但，李白毕竟还是李白，他的《临终歌》里没有常人的颓丧、哀怨，有的是悲怆、悲愤和悲壮，可见他的大鹏精神依然！

[听学朗诵录音、聆听吟唱]

临 终 歌

大鹏飞兮振八裔，中天摧兮力不济。

[悲 怆]

余风激兮万世，游扶桑兮挂石袂。

[悲 愤]

后人得之传此，仲尼亡兮谁为出涕？

[悲 壮]

诗酒李白

彭世强

李白是诗仙,也是"酒仙"。一旦喝酒喝高了,他的诗胆就暴涨了,甚至达到了忘我的境界!

酒就是李白的诗胆。喝了酒,他就有了天大的胆,居然"天子呼来不上船,自称臣是酒中仙。"居然敢说"安能摧眉折腰事权贵,使我不得开心颜"!

酒也是李白的灵感。喝了酒,就有了浪漫的灵气、联想的豪气:挥毫写出了"飞流直下三千尺,疑是银河落九天"。酒精的刺激下,他的才华就会发酵吟出了"黄河之水天上来,奔流到海不复回"。难怪就有了"李白斗酒诗百篇"的美誉!

酒还是李白的知己。酒成了李白诗作中,出现频率最高的词:"花间一壶酒""将进酒,杯莫停……呼儿将出换美酒,与尔同销万古愁"。读着李白的酒诗,会闻到一阵阵醉入人心的酒香,在袅袅飘忽的酒香背后,隐约可见一位青莲居士,迈着那踉跄的醉步,依然吟啸,依然徐行,执着地前行,留下了一行行歪歪斜斜的脚印……

不,那分明是一行行深深浅浅的诗句……

酒啊,成就了李白的一身傲骨。李白的身子骨,长期浸润在酒坛里,于是乎,酒使李白顿生洒脱和豁达,豪放和雄气。于是乎,李白敢在庭院深宫,戏弄宠臣,敢于放言"自古圣贤皆寂寞,惟有饮者留其名",甚至敢说"天生我材必有用"的张扬诗句。

台湾诗人余光中先生给李白留下这样一句惊人的赞语:"酒入豪肠,七分酿成了月光,剩下的三分,啸成剑气,绣口一吐,就半个盛唐"!

不过,一曲《临终歌》让我们完整地认识了李白的一生。他豪放、豁达,展开理想的翅膀,像大鹏鸟一样地翱翔,然而,他还是遇上了折翅难飞的逆风,遇上掣肘牵累的麻烦!临终的李白,不得不发出仰天长啸——"孔子亡兮,谁为出涕"!可见,诗仙也是一个有血有肉的,立足于现实的普通人啊!

让我们再次走近李白,走近这位不同凡响的文坛巨擘、诗坛明星,从他浓蘸真情的诗句中,读出他的心志,认识这位巨人真实的性情!

"大鹏飞兮振八裔",折翅的大鹏依然在历史的长空里翱翔啊!

(2017年10月完稿)

说明

从这个讲座开始,我开始增强了一个有意识的处理:主讲人的讲解,配

上了背景音乐。

为了提升讲解的效果，我配上了背景音乐；为了提升讲解的效果，我尽量让讲解词讲究押韵。我的追求是让学生听课时，有一种欣赏母语的感觉！

教师的讲课语言，不仅仅为了传达某种语意，也应是传递一种优美悦耳的母语声音，是一种语言艺术的欣赏和享受。

平凡诗圣，高尚布衣
——为杜甫画像

主讲人：

我不会画像，可我总想给伟大的诗人杜甫画像——按照我心存已久的那个形象画。

画一幅素描：年轻的杜甫，背负长剑，或昂首阔步，或裘装策马，漫游山川。这幅画像，有杜甫《壮游》诗为证："放荡齐赵间，裘马颇清狂"——可我不能下笔，因为我怕被误会成李白的形象。

那我给年轻的杜甫，画一幅意气风发、漫游天下的画像吧！是画他20岁漫游江南呢，还是画他25岁起的齐鲁十年游呢？是画他行万里路的风姿，还是画他与李白齐鲁之遇，结下深厚友谊的情景呢？

喏，喏，喏，请看，那就是杜甫！他登上了泰山，放眼远眺，他热血涌起，仰天长啸，放声吟唱一首七律《望岳》，年轻的杜子美啊，高昂飘逸的诗风，绝对有年轻李白的那一份慷慨啊！

[现场聆听吟唱]

望 岳

岱宗夫如何，齐鲁青未了。造化钟神秀，阴阳割昏晓。

荡胸生层云，决眦入归鸟。会当凌绝顶，一览众山小。

[音乐声中录音旁白]

我还想画一画杜甫十年困陷长安的情景。35岁的他，为了实现匡世济国的政治抱负，京都求仕，却面临一位好大喜功，信用奸佞，沉迷美色的堕落皇帝；于是，他只能过着"朝扣富儿门，暮随肥马尘，残杯与冷炙，到处潜悲辛"的穷困潦倒的生活。

主讲人：

　　困厄，只会提升杜甫对朝廷政治的认识；挫折，只会加重他对社会现实的抨击；他和百姓所经历的苦难，让他积累了丰厚的创作素材。我要画一个挥笔泼墨，写下创作《兵车行》《丽人行》《咏怀五百字》等经典诗歌的中年才俊！画一个正在深情吟咏的杜甫……

[现场吟唱]

兵 车 行

　　车辚辚，马萧萧，行人弓箭各在腰，爷娘妻子走相送，尘埃不见咸阳桥。牵衣顿足拦道哭，哭声直上干云霄。

　　道旁过者问行人，行人但云点行频。或从十五北防河，便至四十西营田。去时里正与裹头，归来头白还戍边。边庭流血成海水，武皇开边意未已。君不闻，汉家山东二百州，千村万落生荆杞。纵有健妇把锄犁，禾生陇亩无东西。况复秦兵耐苦战，被驱不异犬与鸡。

　　长者虽有问，役夫敢申恨？且如今年冬，未休关西卒。县官急索租，租税从何出。信知生男恶，反是生女好。生女犹得嫁比邻，生男埋没随百草。
　　君不见，青海头，古来白骨无人收。新鬼烦冤旧鬼哭，天阴雨湿声啾啾。

　　杜甫的目光是深邃的，他有着一双明辨善恶，忧国忧民的眼睛。布衣杜甫敢于写出惊心动魄的诗句"朱门酒肉臭，路有冻死骨"；敢于揭示"哭声震天干云霄"的抓壮丁现实；敢于控诉"边庭流血成海水""千村万落生荆杞"的悲凉凄景！杜甫只是一介布衣，却敢于抨击统治者穷兵黩武的国策，敢于为民申恨，又敢于在《丽人行》中，把笔触直接指向统治阶级的最高层！这样的勇气，这样的为民请命，这样明辨是非的人格精神，能不叫人肃然起敬吗？

主讲人：

　　安史之乱给杜甫，给整个国家，带来更大的灾难！杜甫安顿了妻儿，想投奔唐肃宗李亨的军队，为平定叛乱效力！却不料，半途被叛军所俘，押回长安，成了阶下之囚。面对明月，他思念远在鄜[fū]州的家人；面对古城，他悲叹"国破山河在"。
　　我不能不画一画，此时此地的杜甫啊！

［配乐朗诵互动、录音吟唱］

月　夜

今夜鄜州月，闺中只独看。遥怜小儿女，未解忆长安。

香雾云鬟湿，清辉玉臂寒。何时倚虚幌，双照泪痕干！

［配乐朗诵互动，无配乐现场吟唱］

春　望

（领）国破山河在，城春草木深。（合）国破山河在，城春草木深。

（领）感时花溅泪，（合）花溅泪，（领）恨别鸟惊心。（合）鸟惊心。

（领）烽火连三月，家书抵万金。（合）烽火连三月，家书抵万金。

（领）白头搔更短，浑欲不胜簪［zēn］。

（合）［轻声］白头搔更短，浑欲不胜簪［zēn］。

［音乐声中，录音旁白］

我不画杜甫，逃出长安，在陕西凤翔面见肃宗皇帝时，"麻鞋见天子，衣袖露两肘"的情景；也不画身为"左拾遗"的杜甫，上疏直谏，触怒皇上，被贬华州的情景；我要画杜甫回洛阳探亲，一路上所目睹的惨景……

主讲人：

我就要画出一位真实记录百姓疾苦的诗圣！画他的双眉紧皱，俨然一个凸起的"人"字；画他的双唇紧抿，嘴角微微颤抖，画他目睹发生在石壕村的凄惨一幕……

［朗诵录音或现场朗诵］

石　壕　吏

暮投石壕村，有吏夜捉人。老翁逾墙走，老妇出门看。

吏呼一何怒，妇啼一何苦！听妇前致词：三男邺城戍。

一男附书至，二男新战死。存者且偷生，死者长已矣！

室中更无人，惟有乳下孙。有孙母未去，出入无完裙。

老妪力虽衰，请从吏夜归，急应河阳役，犹得备晨炊。

夜久语声绝，如闻泣幽咽。天明登前途，独与老翁别。

［音乐声中录音旁白］

我画中的杜甫，一手握着羊毫，一手捋着长须，炯炯双目瞪向远方，仿佛喷出了怒火！在摊开的宣纸上，草书着他的《三吏》《三别》。一个八品芝麻官，一个平凡得可以的"少陵野老"，唯独放不下的就是国家的命运，百姓的疾苦！

主讲人：

在他人生的最后十年里，他终于能在成都郊野，浣花溪边，和家人蜗居在茅屋草堂，有了五年暂时的安定。我要画一画这位脸上初露笑容的老人，画一画他暂时平静的田园生活。在落笔之前，我们先诵读一下他的一首温馨小诗《水槛遣心》吧——

［现场朗诵互动、现场吟唱］

水槛遣心

去郭轩楹敞，无村眺望赊。澄江平少岸，幽树晚多花。

细雨鱼儿出，微风燕子斜。城中十万户，此地两三家。

［音乐声中，录音旁白］

这是经历多年颠簸之后的喜悦心情的真实写照。然而，天有不测风云，人有旦夕祸福，平静的水面，总有惊起的波澜，我这下要把杜甫在八月秋夜的遭遇画出来，画体弱多病的杜甫，偏遇上风雨袭来草堂屋破的连环画。

［音乐声中，现场互动朗诵］

茅屋为秋风所破歌

（领）八月秋高风怒号，卷我屋上三重茅，茅飞渡江洒江郊，高者挂罥长林梢。南村群童欺我老无力，忍能对面为盗贼，公然抱茅入竹去。唇焦口燥呼不得，归来倚杖自叹息。

（合）唇焦口燥呼不得，归来倚杖自叹息。

　　　　　秋风破屋：(哀叹天灾人祸——痛苦无奈！)

（领）俄顷风定云墨色，

（合）秋天漠漠向昏黑[hè]。

（领）布衾多年冷似铁，娇儿恶卧踏里裂。床头屋漏无干处，雨脚如麻未断绝。（合）自经丧乱少睡眠，长夜沾(zhān)湿何由彻？

　　　　　夜雨难眠：(尽诉祸乱恶果——凄惨愁苦)

（领）安得广厦千万间，大庇天下寒士俱欢颜，风雨不动安如山！

（合）风雨不动安如山！

（领）呜呼！何时眼前突兀见此屋，吾庐独破受冻死亦足！

（合）何时眼前突兀见此屋，吾庐独破受冻死亦足！

佑民长叹：（嗟叹美好之愿——激情慷慨）

[音乐声中，录音旁白]

  蜀中军阀又作乱，安定的五年，又被再度漂泊的五年所替代！我画他夔州两年的生活吗？还是画他在湖北、湖南一带的三年漂流？

  我手中的笔停住了，因为我不忍心画晚年凄凉的杜甫！不忍心画他孤独地栖居于一叶扁舟……"飘飘何所似，天地一沙鸥"，一位文化巨人，竟然像一只单飞的沙鸥，凄苦地辞别人世。我颤巍巍地用笔在宣纸上抹上一层抑郁和凄凉的底色，再画上一只朦胧而孤寂的小舟，我哪里忍心将诗圣最后身患肺疾、客死异乡的细节描绘出来……

主讲人：

  还是先画这样一个片段吧：

  一脸沧桑的少陵野老，步履蹒跚，秋登高台。周遭是如此的凄冷，国势是如此的颓丧，命途是如此的多舛[chuǎn]，老人又是如此地羸[léi]弱凄凉！悲恨交集的布衣老人，颤颤巍巍地放下了酒杯，凝眸遥望那朦胧混沌的远方。

[音乐声中，现场朗诵]

登　高

风急天高猿啸哀，渚清沙白鸟飞回。
[风急天高猿声哀鸣，水清沙白的小洲上鸟儿盘桓旋回]

无边落木萧萧下，不尽长江滚滚来。
[无边无际的落叶萧萧地飘下，不见尽头的长江水流滚滚而来]

万里悲秋常作客，百年多病独登台。
[常年在悲凉的万里秋景中作客，一生与疾病作伴，近日独登高台]

艰难苦恨繁霜鬓，潦倒新停浊酒杯。
[艰难苦恨的经历，染白了鬓发，困顿衰颓的心绪，使我停下了浇愁的酒杯]

我,再画一幅杜甫人生最后阶段的一个画面吧——

这一天,杜甫披着一头如霜的散发,拖着瘦削孱弱的病体,蹒跚登上岳阳楼,凭轩远眺洞庭湖。渐渐地,渐渐地,他燃烧着由衷的爱国激情,以沙涩苍老的声音,诵出了一首小诗,借以抒发着未泯的壮志……在似喜却悲、似弱却刚的嗓音跌宕中,传递着他的沉重,他的坚定!

[现场吟唱]

登岳阳楼

昔闻洞庭水,今上岳阳楼。
(夙愿实现,壮志未酬,悲喜交集。)

吴楚东南坼,乾坤日夜浮。
(雄伟湖景,雄跨古今,激情暗涌。)

亲朋无一字,老病有孤舟。
(衰老病弱,漂泊天涯,孤寂忧郁。)

戎马关山北,凭轩涕泗流。
(身世之悲,家国之忧,沉雄悲壮。)

度过了五十九个春秋,杜甫始终没有放下手中沉重的羊毫,蘸着一腔热血撰写诗歌,撰写历史!直到生命终结。把诗歌的创作,视为崇高事业,把匡世济民视为己任的杜甫,就这样写下了令中华民族骄傲的"诗史",作为一位平凡"诗圣"、崇高"布衣",载入了史册!

我的脑际幻现这样一个画面:一脸沧桑的杜甫,竟然幻化成一只沙鸥,翱翔在浓云薄雾之中……转瞬之间,沙鸥,渐渐地淡去;云雾,渐渐地消散了。我心目中的杜甫形象,重又变得清晰起来。

主讲人:

平凡的"少陵野老",变成了高大的"诗仙、诗圣"。他,紧锁的眉宇松开了,双眼透出了深邃的仁善。他微微颔首,捋着白须,漾着微笑,望着我们——千秋万代的后人!

[音乐声中,现场互动朗诵]

杜 甫

黄灿然

（领）他多么渺小,相对于他的诗歌;
　　　只给我们留下一个褴褛的形象,
　　　他的生平捉襟见肘,像他的生活。
　　　叫无忧者发愁,叫痛苦者坚强。
（合）叫无忧者发愁,叫痛苦者坚强。

（领）上天要他高尚,所以让他平凡;
　　　他的日子像白米,粒粒辛苦艰难。
　　　汉语的灵魂要寻找适当的载体,
　　　这位流亡诗人正是它安稳的家园。
（合）这位流亡诗人正是它安稳的家园。

（领）他的人生脚印,是命运交响曲的音符;
　　　战争若听到他的呐喊,定会偃旗息鼓。
　　　痛苦,也要在他的身上寻找深度。
（合）痛苦,也要在他的身上寻找深度。

（领）上天赋予他不起眼的躯壳,
　　　装着山川风物,战乱祸害,还有"仁爱",
　　　让他一个普通的野老、布衣,活出一个时代!
（合）让他一个普通的野老、布衣,活出一个时代!

[音乐声中,现场齐诵]
（领）让我们重温先贤的人生历程,继承传统文化,传递中华英魂,
（合）重建华夏道德大厦,重塑炎黄儿女文化品格!
（领）愿传统文化中杜甫那样的"仁爱"精神,忧患意识,乃至儒家的"人本"思想、"民本"理念,
（合）成为国人普遍的精神归宿。
（领）不求国学,轰轰烈烈的一时热闹
（合）不求国学轰轰烈烈的一时热闹
（领）但愿踏踏实实地承传文化精华、民族的骄傲!
（合）但愿踏踏实实地承传文化精华、民族的骄傲!

（领）愿现代化广厦千万间拔地而起的同时，中华道德大厦崛起而永远不倒！

（合）中华道德大厦崛起而永远不倒！

磊落子瞻，奇才英魂
——苏轼诗词品赏（上）

早期曲折
（1036—1067 年）

1. 早期家教（1037—1055 年）

苏轼出生于一个极富文学氛围的封建知识分子家庭.父亲苏洵，屡试落第，仍发奋攻读，终于成为著名的古文家。

弟弟苏辙，是苏轼一生的志同道合者。苏辙对苏轼的评价是："抚我则兄，诲我则师"。苏轼给弟弟的"诀别"诗中这样写："与君世世为兄弟，又结来生未了因。"

十岁时，有母亲程氏教授学问。十二岁时，父亲游学回家，才由父亲亲自教授。幼年苏轼受到深厚的祖国传统文化的熏陶，接受了正统的儒家经世济时的教育。

母亲曾给他讲《后汉书·范滂传》。东汉名士范滂[pāng]反对宦官专权误国，汉灵帝建宁二年（公元 169 年）大逮党人，他镇静自若地前去投案，其母与他诀别时说："汝今得与李（膺）、杜（密）齐名，死亦何恨？既有令名，何求寿考，可兼得乎？"程氏讲到这里，激动不已，苏轼问："轼若为滂，夫人亦许之否乎？"程氏坚定地答道："汝能为滂，吾顾（却）不能为滂母邪？"苏轼十分感动。

家教，为苏轼打下了一个厚实的健康人生的基础。

2. 出川入世（1056—1064 年）

（1）出川中举（1056—1057 年 3 月）。

1056 年 3 月苏轼兄弟俩随父离家出川。8 月，兄弟俩同时在河南开封通过"解试"（也有称之为"秋试""州试"）考得举人。1057 年春参加"省试"（也有称之为"春试"）获得第二。最后于 1057 年 3 月接受最高等级的"殿试"。

22 岁的苏轼"殿试"的考卷《刑赏忠厚之至论》，得到欧阳修的特别赏识，又经仁宗皇帝亲自御试，兄弟俩被赐进士及第。事后，仁宗皇帝高兴地

对曹皇后说:"我为子孙得了两个太平宰相。"

(2) 母丧回乡(1057 年 4 月)。

(3) 应召入京(1059 年 10 月)。

(4) "制科"再考,入仕陕西 (1061 年):再考"贤良方正直谏科"第三等,授大理评事,签判陕西凤翔府。25 岁的苏轼,为政勤勉,初尝艰辛。

(5) 奉调入京(1063 年):1063 年仁宗去世,1064 年英宗即位,28 岁苏轼奉英宗之调,入京任史官之职。初入宦海,浅尝仕途的曲折艰辛。

3. 家门不幸(1065 年—1067 年)

(1) 贤妻病逝(1065 年 5 月),又奔父丧(1066 年 4 月),重回眉山老家。

(2) 守丧期间,朝廷政局变化(1067 年):1067 年英宗病逝,1068 年神宗即位,改革在即。

[期间诗词]

和子由渑池怀旧①

人生到处知何似,应似飞鸿②踏雪泥。泥上偶然留指爪,鸿飞那复计东西。

人生就如飞鸿的来去奔走,而偶然留脚印于雪泥之上。鸿鸟转眼间飞走了,哪顾得了东西南北啊!人生亦如此,为了读书、应举、求职、谋生,四处奔波。

老僧已死成新塔,③坏壁④无由见旧题。往日崎岖还记否?路上人困蹇驴⑤嘶。

老僧已故,只剩下新建的葬骨佛塔,至于当年题壁的诗句,因墙壁坍塌而了无痕迹。可见人生的足迹,也随时而泯灭。又想起当年兄弟二人路过崤[xiáo]山,一路颠簸,坐骑累死,改骑驴子,路途漫长,身子困乏,跛驴长嘶的情形还记得吗?

[注]

① 子由:苏轼弟弟苏辙,字子由。渑池:地名。苏轼与弟苏辙赴京应试,途经渑池并留宿于老僧奉闲的僧舍。

② 飞鸿:鸿雁。

③ "老僧"句:苏辙原诗中"旧宿僧房壁共题"自注:"辙昔与子瞻应举,过宿县中寺舍,题其老僧奉闲之壁。"苏轼作此诗时奉闲已死,新成小塔,储存他的骨灰。

④ 坏壁:奉闲僧舍的墙壁已坍塌。

⑤ 蹇驴:跛足的驴。

[解读指要]

苏轼被任陕西凤翔府签判,苏辙送兄至郑州,返回京师(父苏洵在京师为官)郑州后,兄弟俩首次分手。后写诗(《怀渑池寄子瞻兄》)寄兄,苏轼按原韵和诗。

四年前,兄弟俩赴京应试途中,夜宿渑池寺,与老僧奉闲禅房夜宿,壁上题诗,后听说奉闲老僧已逝,寺庙坍塌,心有所感,和诗而作。

本诗的潜台词是——我兄弟二人已经历不少艰苦,如今高中进士,须珍惜现实,奋发向前,不要过于留恋过去。

[诵读点拨]

略有人生感慨,但无须过于消沉。开篇平静诵读,"那复"句,带有一些洒脱的激情,内含年轻人的自信。但回顾僧友,不免落寞感慨。关键是诵读最后两句,还是以激励向上的基调为主,不应失落哀伤,而应是达观人生的体现。语音勿低沉,语调勿下坠,至少还应平起平上,略见升扬。

郿 坞①

衣中甲厚②行何惧,坞里金多③退足凭。

嘲骂董卓,怕人行刺,衣内加厚甲以保安全。他搜尽民脂民膏聚在郿坞,扬言"事成雄居天下,不成守此足以毕老"。

毕竟"英雄"谁得似?脐脂自照④不须灯。

后来失败以后,暴尸长安,时遇酷暑,肥胖的尸体流脂满地,人们为了解恨,而在他的肚脐眼装上灯芯,像点灯似地烧了几天。

[注]

① 郿坞:东汉末年董卓所筑城堡,故址在今陕西眉县北。
② 衣中甲厚:董卓为防人行刺,常在外衣下穿着厚甲。
③ 坞里金多:《后汉书·董卓传》"筑坞于眉,高厚七丈,号曰'万岁坞'。积谷三十年储。自云:'事成雄居天下,不成守此足以毕老。'……坞中珍藏有金二三万斤,银八九万斤,锦绮绘谷纨素奇玩积如丘山。"凭,凭借,依靠。
④ "脐脂"句:董卓事败被杀后,被尸陈长安示众,因身体肥胖,守城士兵在他肚脐眼上安灯芯点燃油脂。

[解读指要]

本诗作于嘉佑七年(1062年)凤翔任职期内,游观郿坞故址,有感于史事而作。这是借古喻今,指斥时弊的诗歌。

[诵读点拨]

带着明显的讽刺口气诵读。前三句的最后三字,都用点夸张的口气,表现得意神情,似乎赞许,却含讥讽的夸张。最后一句"不用灯",也无须高声

强调,用轻松讥刺的语气,"灯"字朗读带有弹性,就更有讽刺意味。

风云变幻(1068—1079 年)

1. 首次坎坷经历(1068—1073 年)

(1) 再度出川,入仕为官(1068 年)。

苏轼兄弟结束丧期(丁忧),携妻小再次出川,赴朝廷任职。

(2) 安石拜相,变法姓王(1070 年)。

年轻神宗,锐意改革,起用王安石,主持变法。

(3) 政见不合,离京赴杭(1071 年)。

36 岁的苏轼与王安石政见不同,遭新党不满。于是,有人诬告苏轼兄弟居丧期间,利用官船贩卖私盐、木材。为避旋涡,自请离京外任,而熙宁四年(1071 年),赴杭州,任通判(知州助理)。七月携妻、子离京都,经陈州(河南周口市淮阳县)与苏辙一家团聚,并同去颍州(今安徽阜阳)拜谒致仕老师欧阳修。(第二年欧阳修溘然逝世)。杭城期间,不仅竭力为百姓操劳,颇有政绩,也常陶醉于杭州的自然山水,留下了许多美好的诗篇。

[期间诗词]

王复秀才所居双桧(其二)①

凛然相对敢相欺,直干凌空未要奇。

两株桧(guì)柏相对而立,这凛然正气之状,谁敢欺。

树干挺直,高耸入云,却稳重本分不猎奇。

根到九泉无曲处,世间惟有蛰龙②知。

深根扎在九泉之下,其心正志坚,惟有蜷伏地下的蛟龙才知!

[注]

① 王复:钱塘人。精于医术,济世活人,筑室在杭州候潮门外;秀才:指才能优秀的人,对未参加科举考试的人的美称;桧(guì):桧柏,俗称子孙柏,干直立,长丈余。

② 蛰龙:蜷伏地下的蛟龙。

[解读指要]

本诗作于1072 年冬,因王复从医为济世活人,故作诗以树喻人而赞之。

虽是小诗,不乏内心感受的披露。诵读时应满含真挚之情赞颂王复,同时也是坚持正直为人的心迹表白。句句有情,字字饱满。不用轻浮赞扬的口气。语调以平直为好,在平直的语调中,显出深含的赞美之情。不必慷慨激昂。

饮湖上,初晴后雨二首(其二)

水光潋滟晴方好,山色空蒙雨亦奇。

晴日的西湖,水波荡漾而迷人;雨天的西湖,山色隐约而难辨。真是,西湖晴雨皆美好。

欲把西湖比西子,淡妆浓抹总相宜。

想要把西湖比作美丽的西施姑娘吗?那么可以论定:无论淡妆,还是浓抹,它总是显得雅丽得当。这可是,永恒的美啊!

［解读指要］

作于1073年。是年元宵节后十日,与诸友游于西湖上。原本云淡风轻,阳光灿烂,却突然云垂四野,雨雾迷茫,这一晴一雨的奇丽景象,让苏轼诗兴顿起,一首千古绝唱油然而生!

［诵读点拨］

前两句观景,委婉抒情,宜柔婉舒畅地诵、吟,不妨略显些微的跳跃感。而后两句,则应吐字清亮。末句语调升高,"淡妆浓抹"语音略强,"总相宜——"三字,字字延长,以余音袅袅而告终。

首句吟唱要注意"水光潋滟"之后的稍事停顿。"好"字本仄声、应短促,这里不妨以跳跃的字调吟唱,加以强调。

第二句的"雨亦奇"三字的"亦"字,用滑音处理,喜悦之情溢于其间。后两句重复,第二遍用音域的提升,来作对比,将"总相宜"的句意,加以突出。

2. 密州治蝗,词风突破(1074年—1076年)

1074年,39岁的苏轼调任密州(今山东诸城)任知州。这是苏轼思想发展的重要时期,他在孤寂苦闷的处境中,不断寻求旷达超脱的自我解脱方式。任职期间,生活清苦寂寞,但他积极治理蝗灾,奏请朝廷减免秋税,为百姓造福。

此间,苏轼的词风有所突破,遵循了自己"以诗为词"的艺术主张,即内容上不拘成法,"无事不可入诗、无意不可入词"。词的境界飘逸豪放,开了豪放词作的先河。

望江南·超然台作

春未老,风细柳斜斜。试上超然台上看,半壕②春水一城花。烟雨暗千家。
　　　　　　春天尚未过去,微风吹拂,柳枝斜扬。
　　登上超然台远望,城外稍浅的护城河河水荡漾,城内春花竞相开放,满城飘香。
　　　　放眼望去,绵绵细雨润湿了千家黑瓦,沉沉阴影笼罩着万户粉墙。

寒食③后,酒醒却咨嗟。休对故人思故国,且将新火④试新茶,诗酒趁年华。
　　　　寒食节后,醉酒醒来,无尽感伤:莫在老友面前,思恋故乡!
　　姑且架新火,煮新茶,酌美酒、赋诗文,趁着未逝的年华,尽兴品尝!

［注］

① 公元 1074 年(熙宁七年)秋,苏轼由杭州调任密州知州(今山东诸城)。第二年八月,他令人修葺城北旧台,使之焕然一新,并由其弟苏辙题名"超然",取自《老子》"虽有荣观,燕处超然"之义(虽享有荣尊生活,却能安闲地处于超然物外的状态之中)。苏轼常与众人一起登台,观赏美景,舒展心情,放飞情志。是年暮春,他眺望着烟雨春色,情动乡思,便挥毫成词。

② 半壕:河水半满的护城河。

③ 寒食:节令。清明前一天(一说二天)为寒食节。

④ 新火:唐宋习俗,清明前二天起,禁火三日。节后另取榆柳之火称"新火"。
　新茶:指清明前采摘的"雨前茶"。

［解读指要］

　　需要准确把握感情基调。苏轼在杭城任职,为民造福,深得民心。不料想,却被调任山东密州。面对一时的挫折,苏轼超然解脱,何愁之有?

［诵读点拨］

　　要带着由衷之喜,轻声诵、吟上阕:烟雨茫茫,正是典型的江南春景。东坡先生登上超然台,但见一片好风光,喜不自禁啊!"斜"[xiá]、"花"、"家"三字,要用轻声长音,以强调春柳的飘逸细斜,城花的馨香四溢,烟雨的朦胧千家。

　　下阕情感有所转折:"酒醒却咨嗟"的"嗟"字,应以长音强调感喟之盛。"休对故人思故国",要略带些许的思亲之伤感,入声字"国",要短促收尾,以显哽咽。最后"且将新火试新茶"两句,感情却又转折,语调渐扬,显得舒坦轻快,以尽显苏轼的自我解脱!

附：

望江南·超然台作　　词　苏　轼

曲　彭世强吟唱调

$\dot{1}$ 65 3 5 0· | 5 3 5 1 2 3 2 1· | $\overline{16}$ 5 $\dot{1}$ $\dot{1}$ $\dot{1}$ 6 5 6 |

春未老　　风细柳斜斜　　试上　超然　台上　看

3 0 2 3 5 $\overline{61}$ 3 2 5 2 1 6 1 — $\dot{1}$ 3 5 6 5 0 6 6· |

半壕　春水　一　城　花　烟雨暗　千家

5 $\overline{61}$ 3 2 5 2 1 6 1 — $\dot{1}$ $\dot{1}$ 6 0 5 3 5 5 6 6· |

烟雨暗　千　家　寒食后　酒醒　却咨嗟

5 3 2 3 2 5· $\dot{1}$ 6 5 5 6 0 | 3 5· $\dot{1}$ 6 1 3 2 5 2 1 6 1 — |

休对　故人思故　国　且将新火　试新　茶

$\dot{1}$ 3 5 6 5 6 6 — | 5 $\overline{61}$ 3 2 5 2 1 6 1 — ‖

诗酒　趁　年华　诗酒　趁　年　华

江城子①·乙卯②正月二十日夜记梦

十年③生死两茫茫，不思量，自难忘。千里孤坟④，无处话凄凉。

纵使相逢应不识，尘满面，鬓如霜。

恩爱夫妻，一朝永诀，转眼十年时光！你我生死两隔，音讯渺茫。

过去的岁月里，无须刻意地思量，相濡以沫的情景，时时闪现，处处难忘！

你孤独长眠老家，我凄凉独处异乡。相隔千里啊，我无处诉说一怀凄凉？

如今，纵使相逢也将难以辨识，我一脸沧桑，两鬓染霜……

夜来幽梦忽还乡，小轩窗⑤，正梳妆，相顾无言，惟有泪千行。

料得年年肠断处，明月夜，短松冈。⑥

夜来幽梦中，我忽然回到了故乡。只见你梳妆的情影，映现在小轩窗，

我俩相对无言，凝视对方，千行热泪湿脸庞。

我料想：每年今日，你一定寸断柔肠，一定孤独身处月下墓地——短松冈！

[注]

① 江城子，又名江神子。传说原为祭祀江神之曲。一般适合表达委婉、低沉
的情绪。但这一首风格迥然不同，尽显豪迈刚健的英雄之气！

② 乙卯：乙卯年，即熙宁八年(1075年)

③ "十年"：东坡妻王弗于1065年在汴京(开封)去世，距此时正好十年。

④ 千里孤坟：王弗死后三年，迁葬四川彭山父母坟边。此时苏轼在山东密州任职，故为"千里孤坟"。

⑤ "轩窗"：小屋的窗户。

⑥ "料得"三句：唐孟棨（音 qǐ）《本事诗·征异》记载：唐开元年间，有五兄弟遭继母虐待，哭诉于母亲坟前，母亲自坟中出，题诗于白布巾以赠丈夫，末两句是"欲知断肠处，明月照孤坟"，东坡似以此化出。短松冈，指墓地所在处。

[解读指要]

39 岁的苏轼，仕途不顺，正在密州任职。正逢前妻王弗去世十年，自然格外思念贤妻，便借诗倾吐心迹。

作者的视角独特，只写梦中妻子的身影、神情、心情。淋漓深刻地表现出夫妻间的心灵相通。真挚之情，渗透于字里行间。

这是苏轼的首篇悼亡题材的词作，在词的发展史上，也属首创。此前文人填词，凡涉及女性和爱情的，大多境界狭窄。苏轼以词抒怀，写悼亡之情，既开拓了爱情词的内容，又提升了婉约词的品格。

本词虚实结合，上片写实，下片写虚，上片梦醒，下片记梦。没有潇洒的景物描写，只有真情实感化出的白描文字。

[诵读点拨]

吟唱或诵读都要把握真情"悲痛"的感情基调。

上阕沉痛。"两茫茫"三字，轻轻延宕，节奏沉缓。"不思量"的突然加快，对比"自难忘"的沉缓，给人一种"心痛"的情感冲击。"千里孤坟"两句的重复诵读或吟唱，可让悲伤之情，得以"涌"出。"尘满面，鬓如霜"，以低沉的语调，表达内心的哀伤。

下阕似喜却悲。"梦境"中"夜来幽梦忽还乡"，诵读时，后三个字的语速突然变快，前缓后疾的对比，突出人物内心之"惊"！

后面"正梳妆"三字，无论吟唱、诵读都应有所强化。诵读用高强音突出"正"字，沉重吐出"梳妆"两字。因为眼前突然映现了前妻正在轩窗前梳妆的画面！这是非常熟悉的画面，此时的苏轼，心中涌起的是既喜也悲的复杂感情。

"相顾无言"，可以重复诵读或吟唱，以强调相逢时的复杂心理感受。诵读"惟有泪千行"时，"惟有"两字，吐字用力，而"泪千行"却要一字一顿地慢慢诵出，表现一种极度悲伤的抽泣感。最后的"料得年年肠断处"三句，需要高音强调的是"肠断处"，而"明月夜"与"短松冈"的语调，前高后低，前快后慢：既突出凄凉惨白的月光，又反衬出凄清寂寞的松冈坟场。

江城子·密州出猎

　　老夫①聊发少年狂,左牵黄②,右擎苍。锦帽貂裘,③千骑卷平冈。
　　　　为报倾城随太守,亲射虎,看孙郎④。

　　老夫姑且抒发一下少年人的豪气吧!左手牵着黄色的猎犬,右臂上立着矫健的苍鹰。我带领着头戴锦帽、身着皮衣的大批随从,浩浩荡荡地从那平坦的山冈席卷而过!为了报答那些随我太守倾城而出看我打猎的百姓,我要像当年的孙权一般,亲射猛虎,一显身手!

　　酒酣胸胆尚开张,鬓微霜,又何妨。持节云中,何时遣冯唐?⑤
　　　　会⑥挽雕弓如满月,西北望,射天狼。⑦

　　让我们开怀畅饮,胸襟开阔,胆气豪壮!即使两鬓有了微霜,又有什么关系呢?朝廷啊,何时才能派遣手持符节的使节,前来召唤我呢?到那时,我将会手挽雕弓,拉开如月的满弓,凝视西北,箭射虎豹豺狼!

[注]
① 老夫:四十岁的苏轼自称。
② "黄""苍":分别指"黄犬""苍鹰"。
③ "锦帽貂裘",一说随从的穿戴,一说作者的打扮。
④ "孙郎":三国吴帝孙权。《三国志·孙权传》记载:"亲乘马射虎于庱(chéng)亭。马为虎所伤,权投以双戟,虎却废,常从张世,击以戈,获之。"
⑤ "持节云中"句:全句即"何日遣冯唐持节云中"。《史记·冯唐传》记载:汉云中守魏尚抵御匈奴有功,却因多报六个首节获罪削爵。年迈位卑的冯唐认为不当轻罪重罚。文帝遂"令冯唐持节赦魏尚,复以为云中守,而拜唐为车骑都尉。"
⑥ "会":当。
⑦ "西北":指位于西北的西夏国。"天狼":指"天狼星",星象家视其贪残,好侵略之物。这里暗指侵扰大宋的西夏国。

[解读指要]
　　作于前一首词的同一年十月,密州赴任第二年。当时密州长年干旱,苏轼率人到常山祈雨,归途中与同僚会猎于铁沟。这首词在猎后所作。性格豁达洒脱的苏轼,写出了豪放激昂的词作。

　　在宋词中,以自我形象出现在词中,并不多见,而表现这样一个为国戍边的形象,更是前所未有!就连苏轼自己,也对这首豪放阳刚之作,颇为满意。

诵读、吟唱这首豪放词作,并不意味着一律的昂扬语调、高声尖音。

开篇伊始,确实可以大气磅礴一番。"左牵黄,右擎苍,锦帽貂裘。千骑卷平冈"两句,诵、吟都要有气势,"黄、苍、冈"三个韵字拖音长,语调扬。"为报倾城随太守"一句,则可相对音低情浓,然后将"亲射虎,看孙郎"两句,语调略扬,重音强调"孙郎",以突出自比英雄的自信。

下阕语气、语调有所变化。"酒酣"三句中"鬓微霜,又何妨"两句,要在不取高音的情况下,洒脱吐字,"何妨"两字的可适当加强力度,增强字调的弯曲度! 吟唱则可拉开"何"与"妨"两字的距离,加深印象。

"持节云中"两句,内含深意,要加强沉毅、期盼的感情色彩,坚定自信,融于其中。而"会挽雕弓如满月,西北望,射天狼。"三句,则要柔中见刚,整个三句语调变化是:平起顿止—略高又下顿止—高扬声远! 尤其在吟唱"狼"字时,充分上扬,颇见力度,但不戛然而止! 充分表现苏轼豪迈气势!

水调歌头

丙辰中秋,欢饮达旦,大醉,作此篇,兼怀子由。

明月几时有? 把酒问青天。不知天上宫阙,今夕是何年。
①我欲乘风归去,又恐琼楼玉宇,高处不胜寒。②起舞弄清影,何似在人间!
　　(第①次转折:激奋—忧虑)　(第②次转折:忧虑—豁达)

"明月啊,何时才能升腾空中?"我举杯遥问青天。不知天上神仙居住的宫殿,今天又是何年? 我要驾云雾,乘长风,飞上蓝天,但又担心一旦登入天庭的琼楼玉阁,难忍高处的清冷酷寒! 一个人在高寒处起舞,孤独的我只能和身影共舞,又哪里比得上在人间温暖?

转朱阁,低绮户,照无眠。③不应有恨,何事长向别时圆?
④人有悲欢离合,月有阴晴圆缺,此事古难全。但愿人长久,千里共婵娟。
　　(第③次转折:愁伤—怨尤)　(第④次转折:怨尤—平和超脱)

月光绕过红楼,从那低低的美丽窗户中投来,照着那深夜难眠的愁苦之人。

本不该对明月有什么怨恨,可你为什么总是在人们离别的时候显得格外地圆亮,叫人犹生相思之愁呢? 其实啊,人间自有悲欢离合的经历,月亮自有阴晴圆缺的时候,此事从来就难以逆料,难以周全! 只希望人们健康长寿,让远在千里之外亲友,能够与自己共赏明月就好了!

[解读指要]

作于熙宁九年(1076 年)中秋,通篇咏月,借月抒发思亲之情和政治失意的愤郁之情。全诗仿佛是作者的自言自语。

作者围绕中秋明月,展开了想象和思考,把人间的悲欢离合之情,纳入了对人生哲理的深切思考之中。真实地表达了作者处处思考、处处矛盾的内心。苏轼是多情的诗人,不乏愁苦,颇多超脱,但也充满矛盾。

[诵读点拨]

上片要把握微醉状态下的开篇,语速自然偏缓,可"问青天"就应该高音昂起,尤其要重音强调"青天"。"我欲"和"又恐"两句,也要分高低语调,明显区别:前高后低,以突出作者的矛盾心理——想超脱,又怕高处太寒。从而表示了对人间的眷恋和热爱。

下片,语速应特别沉缓地诵读描写月光的三句——"转朱阁、低绮户,照无眠"。但语调切莫下坠,以免造成无奈消沉之感。"不应有恨"两句,吐字要有力,语调要上扬,表现强烈的质问口气!继而的几句,要把握好"古难全"与"但愿"之间的语义转折。"人有悲欢离合……"三句,应取以"平稳"的语调,并用肯定的语气诵读前两句,接着便稳稳当当地诵出——"此事古难全"依然平稳,不徐不疾,淡定而自信;"但愿人长久"两句,语音飙升,"千里"更达高峰,"共婵娟"三字,更要喜情满溢,表达欢快的自信!

3. 徐州抗灾,湖州被捕(1077—1079 年)

熙宁九月(1076 年)41 岁的苏轼改知河中府(今山西永济)。年底,又改任徐州知州。此时,正遇黄河决口,苏轼组织百姓,加固堤防,疏浚河道,成功抗灾,造福一方。

1079 年,44 岁的苏轼移任湖州(4 月 7 日任职)。7 月,朝廷新贵从苏轼诗歌和奏章中寻章摘句,罗织莫须有罪名,蛊惑朝廷,逮捕苏轼于湖州任上。两个月的严刑逼供,使苏轼在精神和肉体上倍受折磨,这便是著名的"乌台诗案"。

朝廷的正直人士,包括离任退居江宁(今南京)的王安石,纷纷为之不平,有的上书劝谏皇帝。曹太后(仁宗皇后)也出面干涉。苏轼终于幸免于死,但罪罚未免。1079 年年底十二月二十六日出狱,总共被押 130 天。责授水部员外郎、黄州团练副使(不得签判公事,本州安置),实际上,有职无权,被监视居住。

[期间诗词]

狱中寄子由二首

予以事系御史台狱,狱吏稍见侵,自度不能堪,死狱中不得一别子由,故作二诗授狱

卒染成，以遗子由。

圣主如天万物春，^① 小臣愚暗自亡身。^②
皇恩浩荡如天，万物受其恩泽而向荣如春，小臣我不明事理而自亡其身。

百年^③未满先偿债，十口无归更累人。^④
可叹我未过半百，就要为偿债而死。十口之家就要牵累兄弟一人。

是处青山可埋骨，^⑤他年夜雨独伤神。^⑥
这里的青山处处可埋我尸骨，但今后兄弟却从此只能夜雨独叹，黯然伤神。

与君世世为兄弟，又结来生未了因。^⑦
我愿世世代代与你为兄弟，来世投生一定和你延续未了的兄弟缘分！

[注]
① "圣主"句：圣主如天，万物受恩欣欣向荣。暗含希望沐浴皇恩，得以生存之意。
② 小臣：自谓小臣，因自己犯罪入狱，卑微而自谓；愚暗：不明事理。
③ 百年：人之一生。作者此时43岁，故称"百年未满"；罪大债多，先死为偿债而卸去沉重的负担。
④ 十口：是整个家庭成员的约数；累人：指家人要牵累弟弟苏辙照顾。
⑤ 是处：在此是指任何一处。即我死后任何一处都可埋我。
⑥ 夜雨：苏辙曾有文记载："辙幼从子瞻读书，未尝一日相舍。既壮，将宦游四方，读韦苏州[韦应物]诗，至'安知风雨夜，复此对床眠'，恻然感之，乃相约早退，为闲居之乐。"后苏轼读文之后赋诗一首，其中有"夜雨何时听萧瑟"一句。这里的"他年夜雨独伤神"，意即：我死之后弟弟苏辙每逢夜雨时只能一人独自黯然神伤了。
⑦ 来生来世，下一个人生；因：因缘，佛教语，兄弟一场是因缘。

[解读指要]
苏轼在1079年7月，在湖州任上被捕，8月18日入狱，常遭辱骂，苏轼担心死于狱中，不能与兄弟相见，故留下绝笔诗作两篇以作别，这是其中一篇。

前两句，既表明自己求生的愿望，也表达对君王的忠心，而自我责备"愚暗"，然而这样的自我责备，也是自我辩解：仅仅是"愚暗"，而非诽谤朝廷。

下面则是表达深切的手足之情，觉得自己将牵累兄弟，但愿意来世再结手足之缘！

字字句句皆是泪,一声一叹尽真情!

[诵读点拨]

前两句最难读,既要真心赞颂朝廷,语调略显高扬,但毕竟是心愁肠苦之人,还要强压悲伤。"愚暗"的强调要适当,若有暗示。

接着"百年未满先偿债"两句,语意诚恳,满是伤心之情。

"是处青山可埋骨"两句,诵读时要情深意切,愁不自禁,甚至略带抽泣。诵读"独—伤—神"三字,更要拖长音,语调下行。

最后,"与君世世为兄弟"的诵读,语意坚决,吐字有力。"又结来生",则要字字有力,语调弯曲有度,最后然后"喷"出"未了因"三字,尾音拖长,其情见深。

风云再变(1080—1084 年)

1. 流放黄州(1080 年 2 月—1084 年 3 月)

黄州期间,所谓官衔是"责授检校尚书水部员外郎",但"检校"是代理或寄衔的意思,非正式的官。而"充黄州团练副使、本州安置"的意思是指:名义上的地方军事助理官,实际上的挂名官职。加上"本州安置"四个字,便是强调不得参与公事,等于是流放。

黄州虽然远离京都,知州徐君猷(yóu)友善待之,但是苏轼仍不敢擅离黄州,担心小人陷害。期间生活拮据,却多亏书生马正卿代他向官府申请来一块荒地,于是苏轼便亲自耕种,以济"困匮乏食"之急。荒地名曰"东坡",故"东坡居士"之名由此而生。

《东坡八首》序中有如下记载:"余至黄州二年,日以困匮,故人马正卿哀余乏食,为于郡中请故营地数十亩,使得躬耕其中。地既久荒为茨棘瓦砾之场,而岁又大旱,垦辟之劳,筋力殆尽。释耒(lěi,统指农具)而叹,乃作是诗,自愍(mǐn,同"悯")其勤,庶几来岁之入以忘其劳焉。"

小心谨慎的苏轼,在此期间,并未放弃儒家经世济民的思想,但又因逆境而生困惑,渐渐地让佛老的"清静无为、超然物外"的思想,浸染头脑,成了他逆境时的主导思想。

这场文字狱让苏轼下笔小心了许多,但黄州的困厄经历,又让苏轼寄情山水,在对大自然的感悟中,淡化和超越了人生的苦难,获得了大量的创作素材和灵感,在诗、词、赋诸方面都有上乘佳作产生。

初到黄州

自笑平生为口忙^①,老来事业转荒唐。
自嘲平时为谋生而忙活,到头来事业无成反显得十分荒唐。

长江绕郭^②知鱼美,好竹连山觉笋香。
见绕城的长江,便想到江中的鱼美,由连山的竹林就想到林中的笋香。

逐客不妨员外置,^③诗人例作水曹郎^④。
一个被贬的我,不妨谋了个闲差,作为诗人的我按例把水部官员当。

只惭无补丝毫事,尚费官家压酒囊^⑤。
只是自惭无所贡献,还要收受官家的俸禄。

[注]
① 为口忙:为谋生而忙忙碌碌。这里也有暗示为言语(口说和笔写)而获罪。
② 郭:外城墙。
③ 逐客:作者这里的"逐客",指的是"被贬之人",即自己。"员外":官名,全
  称"员外郎",指的是"定员外增置"之外的官员,实际上是个闲职。
④ 水曹郎:隶属水部的官员。
⑤ 压酒囊:压酒滤糟的布袋。这里是指官员的俸禄——代替俸银的实物。

[解读指要]
  此时的苏轼,其心甚苦,但诗心不改,故于诗中尽意流露其苦。
  一、二两句自嘲人生,空有一腔才学,却二十余年蹉跎人生,荒唐落难。
  三、四两句写黄州的环境:见长江水波而思武昌鱼鲜美;望青山修竹而
羡笋香,充溢喜悦之情。
  五、六两句表面上是自我安慰:流放之人不妨安心担任"虚设"之职;获
罪的人,应该按例接受贬职之罚。自慰之词看似平静,不乏诙谐,却也有几
分牢骚。
  七、八两句则是豁达自嘲:无所事事,居然还要收受俸禄。

[诵读点拨]
  毕竟是初到,毕竟还有几分新鲜的期望,诵、吟无需悲悲切切。要以"平
静"中略含几分"苦涩"的语气,慢慢诵、吟。语调可平又抑,在淡淡的语气,
徐缓的节奏中,结束全诗。

卜算子·黄州定惠院①寓居作

缺月挂疏桐②,漏断③人初静。谁见幽人④独往来,缥缈⑤孤鸿影。

残缺的冷月,高挂在稀疏的梧桐树梢,滴漏声断,人们悄然无声……幽居寒夜之人,独自徘徊,无人知晓……唯有缥缈高飞的孤雁,才能隐约见到!

惊起却回头,有恨无人省⑥。拣⑦尽寒枝不肯栖,寂寞沙洲冷。

那孤雁,惊回首,一怀怨恨,却无人明了!拣遍了清寒的树枝,始终不肯栖息在树梢!甘愿冷卧寂寞的沙洲,孤雁不乏清高自傲!

[注]

① 定惠院:苏轼刚到黄州的寓所。

② 疏桐:枝叶稀疏的梧桐树。

③ 漏:漏壶,古代的计时器。"漏断":指夜已很深。

④ 幽人:隐居而不问世事的高尚之人。幽居之人、囚禁之人、含冤之人。

⑤ 缥缈:隐约、高飞的样子。

⑥ 省(xǐng):了解,体察。

⑦ 拣:选择。

[解读指要]

作于1080年二三月间,苏轼贬居黄州独住定惠院,幽独寂寞而生惊惧之情,由情而生此词。

[诵读点拨]

"缺月挂疏桐,漏断人初静"两句,描述的是凄清的环境,自然以轻弱的语音诵读,并以迟缓的节奏展开。

"谁见幽人独往来,"句,是设问,不是反问,故无须强烈的语气,只要略加力度,语调向上扬即可。"缥缈孤鸿影"句是所问之答,诵读要带几分寂寞感的语气。

"惊起却回头,有恨无人省"两句,尤其要处理好后一句。要带着郁闷激愤的语气在"有恨""无人省"之间,保持稍微的间歇,以表达转折的语气。

"拣尽寒枝不肯栖"一句的诵读,最难把握。"拣尽""不肯"两处要有力度,尤其这个"不"字,要有喷涌感,以强化作者孤傲不驯的个性!然而,结尾句"寂寞沙洲冷",不该高亢、昂扬,一个"冷"字,刚吐出,就收敛,表现作者的极受打击的心理,但吐字如果过于软弱无力,那又不符合其独立不阿的个性,这里的诵读最难处理。

定风波·莫听穿林打叶声

三月七日沙湖道中遇雨,雨具先去①,同行皆狼狈,余独不觉。已而②遂晴,故作此词。

莫听穿林打叶声,何妨吟啸③且徐行。
莫听那穿林风雨的打叶声,不妨低吟长啸、从容徐行。

竹杖芒鞋轻胜马④,谁怕? 一蓑烟雨⑤任平生。
拄竹杖,穿草鞋,轻便自在地行者,胜过骑马者! 谁怕那风雨呢?
披上蓑衣,任凭湖海烟雨的侵袭,我照样度过一生。

料峭春风吹酒醒,微冷,山头斜照却相迎。
料峭的春风,把我的酒意驱走,我微感四周寒冷,
但雨过之后,却见山头斜阳来相迎。

回首向来萧瑟处⑥,归去,也无风雨也无晴⑦。
回首以往风雨潇潇的情景,回去吧,再也不会感到什么风雨,还是放晴!

[注]
① 先去:事先未带。
② 已而:过后。
③ 吟啸:放声吟咏。啸:噘口出长声。
④ 芒鞋:芒草鞋。轻胜马:轻便胜过骑马。
⑤ 一蓑:一身。蓑:本义为用草或棕衣制成的雨衣。烟雨:喻为坎坷。
⑥ 萧瑟处:刚才风雨袭来的地方。
⑦ "回首"两句:回首刚才雨打风吹的地方,烟消云散、斜阳光弱,一切均成过去。暗喻经历人生的风雨之后,懂得以平静的心态对待,便觉得无雨无晴了。

[解读指要]

本诗作于1082年三月的黄州。作者借一次途遇风雨袭击所引发的感悟,暗喻人生的坎坷。

刚刚经历重大挫折的苏轼,以风雨袭击为喻,表现了处变不惊的倔强个性和开朗豁达的洒脱精神。这是人生境界的升华,也是苏轼词作内容的升华。

[诵读点拨]

　　"莫听穿林打叶声,何妨吟啸且徐行"两句,既然是"徐行",节奏当然徐缓。不过"打叶声"可为重音,"吟啸","徐行"也适当加强音量。强化"且"的字调"v"型变化。

　　"竹杖芒鞋轻胜马,谁怕"句,转以轻快节奏。诵读"谁怕",语气强烈,"怕"字顿挫明显;而吟唱"谁怕",不妨重复一遍,而且音量递进以加强表达效果。

　　"一蓑烟雨任平生"句,应处以轻松的语气,舒缓的节奏。"任平生"更应拉长调以尽显洒脱!

　　"料峭春风吹酒醒,微冷"句,在逗号前后应有明显变化:前者重音诵读或高音吟唱"吹酒醒",尽情延长。到"微冷"两字时,来个突然顿挫,低音轻诵"微冷",吟唱也可重复一遍,第二遍音高、延长,尽情而去。

　　接着快节奏推出"山头斜照却相迎"句之后,这样处理"回首向来萧瑟处,归去,也无风雨也无晴"几句:"萧瑟处"放宽长音,扬升语调。而"归去"两字,诵读时,要字正腔圆,带着坚定的语气。吟唱时则重复一遍:第一遍短促,第二遍延宕平扬而去。"也无"两句,更要读得舒畅开朗,不拘谨、不勉强,充分的自信。吟唱这两句也要突出"风雨"和"晴"的音高音低的对比,悠扬展开,渐渐结束。

浣 溪 沙

游蕲(qí)水①清泉寺,寺临兰溪,溪水西流

　　山下兰芽短浸溪,松间沙路净无泥,②萧萧暮雨子规③啼。

　　兰芽虽短,但浸润在兰溪,生机盎然。来往幽林中清泉寺的沙路,洁净无泥,一尘不染。却不料,暮雨萧萧,子规啼鸣,一扫喜悦,心觉不安。

　　谁道人生无再少?④门前流水尚能西,⑤休将白发唱黄鸡。⑥

　　谁说不再年少,人生苦短?既然门前的溪水能西流,青春为何不再现?莫要为年老而发"黄鸡催晓"的悲叹。

[注]

① 蕲水:水名,又为黄州东一县名。

② "松间沙路净无泥"句:由白居易诗句"柳桥晴有絮,沙路润无泥"化出。突出了兰溪的洁净。

③ 子规:杜鹃。

④ 缘自古诗"花有重开日,人无再少年"。

⑤ "门前"句:见题目"寺临兰溪,溪水西流"。

⑥ "休将"句:白居易曾有诗曰:"黄鸡催晓丑时鸣,白日催年酉前没。腰间红绶系未稳,镜里朱颜看已失。"诗中感叹黄鸡催晓、朱颜易失,语意低迷。苏轼反用其意。

[解读指要]

　　作诗时间同于《定风波》,正与友人庞安常同行。

　　身陷困境,却能爽朗看待人生。而这乐观的人生感悟,恰恰来自美景。这样的"景",这样的"悟",给人以深刻的启迪。

[诵读点拨]

　　以喜悦的口气,慢慢诵读前三句美景的描述。"短浸溪""净无泥"值得强调的是押韵的尾字"溪""泥",悠悠然延续长音。第三句是个转折句,要用低缓的语调,字字沉重,"子规啼"要略带沧桑感。

　　"谁道人生无再少"句,用上扬的反问语调诵读,顿然改变前面的低沉,"门前流水尚能西"句的口气,十分肯定,因此"尚能西"三字要顿挫有力。最后"休将白发唱黄鸡"一句,突然洒脱起来,诵读不用重音,"唱黄鸡"三字,要诵得含蓄悠扬,余音绵绵。

念奴娇·赤壁怀古

　　　　大江①东去,浪淘尽,千古风流人物②。
浩浩汤汤的长江大浪东流,如历史长河滚滚而逝,多少英雄豪杰也已随之逝去。

　　　　故垒③西边,人道④是,三国周郎赤壁。
站在旧时的营垒旁,人们常说,这里就是当年周郎与曹操大战交锋的地方。

　　　　乱石穿空,⑤惊涛拍岸,⑥卷起千堆雪。
岸边散乱的礁石直插长空,汹涌的浪涛拍击着江岸,那垒起洁白的雪花,就是就是惊涛激起的千层浪。

　　　　江山如画,一时多少豪杰!
这如画一般的美丽江山啊,有过多少英豪亮相!

　　　　遥想公瑾当年⑦,小乔⑧初嫁了,雄姿英发。⑨
遥想当年风华正茂的周郎,与貌若天仙的小乔结为连理,更显英姿勃发。

　　　　羽扇纶巾,⑩谈笑间,樯橹灰飞烟灭。⑪

他手执羽毛扇,头戴纶巾帽,谈笑之间,指挥了赤壁大战,使曹军顿时化为灰烬。

故国神游,^⑫多情应笑我,^{B13}早生华^⑭发。

我神游这古战场旧址,寻找当年周郎建功立业的史迹,多愁善感的我,也许要遭人的讥笑:何必感叹人生,白发早染啊!

人生^⑮如梦,一樽还酹^⑯江月。

虽说人生如梦,我依然再次举杯,望着滔滔的江水,皎皎的明月,让美酒洒向江月,祭奠着古代的英雄吧!

[注]

① 大江:古代专指长江。

② 风流人物:指英雄豪杰。

③ 故垒:旧时营垒,指古军营遗迹。

④ 人道:人们传说。

⑤ 穿空:言其高耸、陡立,直插云霄。

⑥ 惊涛拍岸:惊人的江浪不断地向岸边拍打。"穿空"一作"崩云";"拍岸"一作"裂岸"。

⑦ 当年:公元208年赤壁大战时,也可解作盛壮之年。

⑧ 小乔:三国时乔公之女,周瑜之妻。"乔",一作"桥"。

⑨ 雄姿:仪态杰出非凡;英发:才华横溢、神采焕发。

⑩ 羽扇:鸟羽毛制成的扇子;纶巾:青丝带头巾。这样的装束是三国时期儒将的打扮。

⑪ 樯橹:一作"强虏"。"樯橹",指桅杆和船,此处借代为曹操的军队。灰飞烟灭:形容曹军的惨败,整个军队连同船只一并被烧毁。

⑫ 故国神游:即神游故国。神游:神往。故国:这里指赤壁之战的古战场。

⑬ 多情应笑我:意为应笑我多情。有自嘲的味道。谁笑?——世人。

⑭ 华:同花。此时作者47岁,思虑过多,头发花白而已。

⑮ 人生:一作"人间"。

⑯ 酹:以酒洒地表示祭奠。酹江月:以江月为知音。

[解读指要]

本诗作于1082年七月于黄州(此间另有妙文《赤壁赋》和《后赤壁赋》)。

上片写景,雄奇壮丽之景,开篇气势磅礴,意境开阔,壮怀激烈,极富感染力!下片怀古伤今,缅怀历史人物,抒发自己追求理想和现实探索之间的矛盾,给人以一定的启迪和思考。作者用词来诵英雄,抒发爱国情怀,题材新颖,扩大了词的创作视野。

一个清秋的黄昏，在如血般的残阳余晖的映照下，长江水浪滔滔，劲风萧萧，东坡拄杖徐行至江边的古战场——赤壁……当年的周郎，就在这里令旗一挥，让八十万曹军的战船瞬间灰飞烟灭，从此后，赤壁成了英雄业绩的纪念碑，周郎名闻天下！苏轼感怀自我，空有一腔热血，一番为民造福的壮志，却只有身陷囹圄的乌台之苦，贬谪黄州的亲友之念……

滚滚江水冲刷不了自己无尽的郁闷和惆怅，也许有人笑东坡自作多情。然而，他却临江酾酒，祭奠已故的英雄，也祭奠自己的往昔！他清醒地感悟到："哀吾生之须臾，羡长江之无穷""知不可乎骤得，托遗响于悲风"（人生苦短，只能羡慕长江之无穷……知道美好的人生，不可能屡屡得到，只得将憾恨化为潇洒的笛声，寄托在悲凉的秋风中罢了！）东坡先生挥别了耿耿于怀，怀抱着壮志豪情，与江月共叙衷情，赤壁终于也成了苏轼的赤壁！

[诵读点拨]

开篇"大江东去，浪淘尽，千古风流人物"三句，必须高起高诵。有几个字需重音强调——"东"（突出江水浩荡的方向）、"淘"（突出大浪淘沙的力度）、"千古"（突出悠长的时间跨度）。

然后，平稳诵读"故垒西边"两句，接着倏然高音强调——"三国周郎赤壁"，形成对比。此后，又是三处重音强调——"穿""惊""千"，把雄奇景色的气势，从声音上加以突出！

上片结尾句："江山如画，一时多少豪杰"两句，语调扬上。"多少"两字构成明显的"∨"型字调变化，"豪杰"则要紧咬字音，让仄声韵"杰"字，在舌面与前齿背的缝隙中，渐渐地冲出，并戛然而止，形成大强度效应！

下片"遥想公瑾当年"三句，顿然变化，语调变得悠扬，缓慢轻松地读出前两句。而"雄姿英发"则要有力诵出。

"羽扇纶巾，谈笑间，樯橹灰飞烟灭"三句，又要恢复悠扬语调，轻松诵出，只是"灰飞烟灭"四字，要这样间隔——"灰飞—烟—灭"，柔中带刚，不乏赞赏与自豪的语气！

"多情—应笑我，早生—华—发"，诵来却不轻松，略含几分苦涩和不服，语速缓慢而沉重。

"人生如梦，一樽还酹江月"的诵读最为关键。如果将本词的感情基点落在作者的无奈消沉，那样的话，诵读语调下抑，节奏无力。但是，正确的诵读应该是：虽有些许"无奈"，但更有不满与抗争，并不想屈从于现实于是，高举酒杯祭奠逝去的英雄！内心独白是："既然过去的风流人物，都随岁月而流逝，又为什么不能旷达一些呢？"带着这样的心境，祭奠英雄，诵读的语气不能消极，而语调应平稳，吐字应沉稳而略有力度。

临江仙·夜归临皋①

夜饮东坡②醒复醉,归来仿佛三更。家童鼻息③已雷鸣,敲门都不应,倚杖听江声。

夜里,在东坡畅饮成醉,醒来醉意未消,回到临皋居所,仿佛三更天了。家童熟睡不醒,鼾声如雷,我敲门不应,只好拄着竹杖,伫立江边,静听涛声。

长恨此身非我有,④何时忘却营营。⑤夜阑风静縠[hú]纹平⑥。小舟从此逝,江海寄余生。

我常常抱怨不能主宰自己的命运,不能按自己的意愿处世为人,何时才能不为名利而奔波劳累?此刻夜深人静,江上无风,水上无波。我还是乘小舟随波逐流,消逝于人间,将余生寄托在那美好的江海之间吧!

[注]

① 临皋:亭名。"临皋亭乃黄州南门外江边的水驿,专供水上往来的传递公文的人或官员居停。苏轼刚抵黄州住定惠院,后迁至临皋。第三年建成新居所——东坡雪堂,于是常往来于两处。

② 东坡:黄州东南数十亩荒地。苏轼于 1081 年三四月间在此开荒耕地,取名东坡,隔年在附近建居所,名"东坡雪堂"。

③ 童:即僮;鼻息:鼾声。

④ "此身非我有":意即"身不由己"。语出《庄子·知北游》:"舜曰:'吾身非吾所有也,孰有之哉?'"

⑤ 营营:往来不息、匆忙不堪的样子。此处形容纷扰劳神,引申指忙忙碌碌、追名逐利的行为。

⑥ 縠纹:水纹如縠一样。縠:丝织物,这里是形容水面上细小的波纹。

[解读指要]

这首词写于 1082 年九月。

上片:"夜饮归来",下片:"江岸静思"。全诗如叙家常事,尽吐心中思。

上片写了一个醉人,一个睡童。醉人朦胧,似醉似醒;睡童坦然,又睡又梦。鼾声衬出晚归夜静,敲门凸出睡童不应,足见醉人可怜,家童可爱。满腹心事的主人,醉、醒都无奈!

然而,经过人生巨大挫折的作者,在下片的"江岸静思"中,感悟出人生哲理:不管生活有多大颠簸,只要心境澄明,摆脱功利之求,便能超然物外,消逝在江海之间。

"长恨此身非我有"句,可谓浓重的沧桑之叹!"夜阑风静縠纹平,小舟从此逝,江海寄余生"三句,却有散淡的清醒之感!自贬谪黄州以来,一度

"平生亲友无一字见及，有书之亦不答"的处境，令苏轼苦恼。但未及消沉，而是想到超然出世，"小舟从此逝，江海寄余生"。

全词语言平实无华，直抒胸臆，读来真实可信。

[诵读点拨]

当以醉酒的口吻，诵读、吟唱，节奏旋律应该是时疾时缓，飘忽不定。

开篇的节奏和音长、音短处理如下：

"夜饮——东坡——，醒——复－醉－，归－来——仿佛－三更。"（其他部分，可以参照处理。）需要重音强调的是"醉"和"仿佛"，重点突出其醉态！

"已雷鸣"语调直往上走，"敲门"两句则下行，突出其无奈。吟唱时前者音域提升，后者音调下降。

下片"长恨此身非我有，何时忘却营营"两句，前句在缓慢的语速中，高音突出"非我有"，后句中"忘却营营"四字，用力吐出。

"夜阑风静縠纹平"三句的语速减缓，如倾诉肺腑。第一句最慢，也最抒情——寄情于景。但是第三句则要升高音域但不加快语速，甚至这样处理间隔："寄——余——生——"，有渐去渐远的声音效果。

2. 调赴汝州（公元 1084 年 4 月）

1084 年苏轼被改授汝州（近河南临汝）团练副使，本州安置。赴汝州途中，游览了庐山，寻访了奇山异水，留下不少佳作，其中，最为著名的诗歌有《题西林壁》，另有妙文《石钟山记》。

同年七月，在金陵与王安石几次会晤。两人畅所欲言，交换了学术和政治上的许多见解，友谊消散了隔阂。有诗《次荆公韵四绝》为证："骑驴渺渺入荒陂，想见先生未病时。劝我试求三亩宅，从公已觉十年迟。"但是，最终未等买地建宅事成，王安石已离开人世。

元丰七年（1084 年）年底，到达泗州（今江苏盱眙 xū yí），向朝廷提出请求折回常州居住获准。实际上也是想退出险恶的仕途，以为全身之计。

[期间诗词]

题西林壁

横看成岭侧成峰，远近高低各不同。
不识庐山真面目，只缘身在此山中。

[解读指要]

1084 年五月苏轼"往来山（庐山）南北十余日"，才写出这篇老少皆知的名篇，这也是很有代表性的宋代哲理诗。

庐山是座丘壑纵横、峰峦起伏的大山。步移景异，庐山的千姿百态，惟有改换角度者，变化高度者，才能充分领略：横看林涛逶迤绵延；侧看峰峦起伏高耸。无论哪个角度，哪个距离，所见的景象，全然不同。

细细思考，之所以不能识得庐山的真面目，只因为身在此山中，只能见到一峰一丘，一岭一壑的局部面目，难以统领全貌。看山如此，看人，看事，何不如此？

一首好诗的标准之一，就是内涵丰富，哲理深刻，深思、浅忆都能有所感悟！

[诵读点拨]

开篇不是生动具体的描写，不必用细腻的描述口气，而是客观冷静的议论口气。节奏平缓，吐字稳重，只是第二句的"各不同"和第三句的"真面目"，稍微用力，以示强调。"目"字仄声，可戛然而止，让听者有一种困惑待解的期待；而"同"字是平声，宜延长字音，与"目"字的短促，形成对比。最后一句"此山－中——"不妨扬长伸展，给人以肯定的结论，又表达充分的自信！

再度浮沉（1085—1101 年）

1. "元佑更化"，京都赴任（1085—1088 年）

元丰八年（1085 年）苏轼 49 岁时，得神宗诏旨，允常州居住。三月宋神宗去世，十岁哲宗即位，高太后（英宗皇后）垂帘听政。起用旧党司马光等，全面废除王安石新法，史称"元佑更化"。

苏轼五月至常州，满以为可以依靠常州的"薄田"安度时日，却不料又奉命赴登州（今山东蓬莱），到任才五天，由于司马光的推荐，又匆匆赴京。六月复朝奉郎，起登州军州事。十月到任，五日后，被器重任用为礼部郎中等职，召还京师，十二月抵京。

1086 年九月时年 50 岁苏轼为翰林学士、知制诰等职，对司马光尽废新法有所保留。是年，王安石、司马光相继去世。

1087 年，51 岁的苏轼被提升为翰林学士兼侍读。但苏轼坚持己见：既反对新党过激做法，也反对旧党对新党的全盘否定。遭两派嫉恨，卷入政治旋涡。苏轼多次上书请求外任。

惠崇春江晚景

竹外桃花三两枝,春江水暖鸭先知。

青翠竹林外点缀着三两枝粉红桃花,江面上水鸭游来游去,想必是感受到江水变暖的温馨。

蒌蒿满地芦芽短,^①正是河豚^②欲上时。

岸边是满地的蒌蒿和爆芽的芦苇,这正是河豚沿江上游、翻腾跳跃的时候。

［注］
① "蒌蒿"句:蒌蒿和芦芽都是可供河豚鱼食用的植物。有书记载:"河豚食蒿芦则肥"。蒌蒿还是鱼羹的佐料,且能解毒。
② 河豚:鱼名。有毒,误食可以丧命。

［解读指要］
　　该诗作于 1085 年,作者为惠崇和尚(宋初著名"九僧"之一)画作题诗。让无声的画面,顿然富有了生气。
　　这是一幅鸭戏图,为画题诗最妙一句在"水暖"一句,颇具意蕴,鸭群刚刚度过寒冬,感受到了渐渐升温的春江水,"鸭先知"三字,让读者可以尽情想象春鸭欢悦浮游水上的情景,不仅如此,浓浓的春意还在形象的河豚鱼群身上,形象地体现了:成群结队的河豚,翻越水面,争吃蒌蒿和芦芽,活生生的画面,体现了整个大地的勃勃生机!

［诵读点拨］
　　无论吟唱还是诵读,都要用轻快、喜悦的语气,吐字要有跳跃感。吟唱前两句,前快后慢:快在"竹外桃花""春江水暖";慢在"三两枝——""鸭先知——"。
　　"蒌蒿"句,更带惊喜语气,吟唱时"地"短促但字音略高,"短"字延长还带点颤音。"正是河豚"句,诵读时,用力吐出"欲"字,长音滑出"时"字(平声)。吟唱时,轻快节奏吟"前四字",用上挑的长滑音,送出"欲"字,然后缓缓吐出"上时"两字:"欲——上时——"。

渔　父(四首)
其一(酒前)

渔父饮,谁家去,鱼蟹一时分付。酒无多少醉为期,彼此不论钱数。

其二（酒醉）

渔父醉,蓑衣舞,醉里却^①寻归路。轻舟短棹^②任横斜,醒后不知何处。

其三（酒醒）

渔父醒,春江午,梦断落花飞絮。酒醒还醉醉还醒,一笑人间今古。

其四（酒后）

渔夫笑,轻鸥举^③,漠漠^④一江风雨。江边骑马是官人,借我孤舟南渡。

[注]

① 却:倒退、往回走。

② 棹(zhào):船桨。

③ 举:飞翔。

④ 漠漠:弥漫貌。

[解读指要]

　　作于1085年二三月间。苏轼离开金陵半山园时,小儿苏遁夭亡,继续南下至真州(江苏仪征),决定不再北上移州,上书皇上《乞常州居住表》。过年后,获皇上恩准,大喜。在真州看渔夫撒网打鱼,还尝试学打了几网鱼,便自诩为渔夫而作《渔夫四首》。

[内容提示]

　　第一首:写的是"酒前"。渔夫捕鱼去酒家换酒喝,但是彼此不论价钱,但求一醉,足见渔夫的豪爽和酒家的质朴,其中有着苏轼的影子,苏轼的追求!

　　第二首:写的是"酒醉"。渔夫酒醉一身醉态("蓑衣舞"),上船后潇洒撑船行船,俨然一个遗世独立、逍遥自在的形象。

　　第三首:写的是"酒醒"。半醉半醒的渔夫,睡已久,时已中午,梦中落花飞絮的美景,突然中止,可依然振作,沉醉于梦中的快乐。不禁将古今纷纷攘攘的世事,付之一笑,抛之脑后! 一个愤世嫉俗、超然物外的隐士形象跃然眼前。

　　第四首:写的是"酒后"。高翔的轻鸥,实在是超脱凡尘的隐士的象征。他嘲笑骑马的为官者无奈江河风雨,反倒求助于在野的渔夫。用渔夫的隐逸之乐,嘲讽为官者宦海之苦!

四首《渔夫》,可用一个基本曲调去吟唱。略带醉意,韵律变化不大,可是节奏还应时快时慢,如醉人晃悠状态的歌咏。只是四首吟唱还应根据内容略有微调。如酒前,清醒时,节奏变化,可不同于酒醉时。诵读的把握,可以参考吟唱。

渔 父（四首）　　　词 苏 轼
　　　　　　　　　　曲 彭世强吟唱调

（一）渔父饮　谁家去　鱼蟹一时分付
酒无多少醉为期　彼此不论钱数

（二）渔父醉　蓑衣舞　醉里却寻归路
轻舟短棹任横斜　醉后不知 何处

（三）渔父醒　春江午　梦断落花飞絮
酒醒还醉醉还醒　一笑人间 今古

（四）渔父笑　轻鸿举　茫茫一江风雨
江边骑马是官人　借我孤舟 南渡

2. 杭城再任,多次被召（1089—1092 年）

元祐九年（1089 年）三月再次赴杭,任杭州知州。勤政爱民,开浚西湖,赈济灾民,兴建医坊,为百姓造福。此后六、七年间,多次被召回京都,又多次请求外放任职。此间的苏轼,积极拔擢后进,如黄庭坚、秦观等才子,京都文坛因之兴旺,苏轼成为当之无愧的文坛领袖,为北宋后期的文学发展,开创出一个新的局面。

3. 新党重起,再遭贬谪(1093—1099年)

元祐八年(1093年),高太后去世,十九岁的哲宗亲政,重新启用新党,政局变动,新党打击旧党——"元祐党人"。

绍圣元年(1094年)苏轼的政敌,以"讥斥先朝""谤讪先帝"等罪名,加害他,将他贬谪到千里之外的岭南英州,尚未到任,又贬惠州。

绍圣四年(1097年)再被流放天涯海角的儋州。那里瘴疠肆虐,几近蛮荒。苏轼既看淡了世间荣辱,又不放弃儒家的济世精神,积极奖励当地农业生产,传播文化知识,破陋习,育人才。

惠州、儋州时期,条件最为艰苦,但是苏轼的文学创作却再次丰收。这个时期的思想和创作,是黄州时期的继续和发展。同时佛老思想再次成为他的主导思想。作品中常现随遇而安和放达自适的人生态度。陶渊明的恬淡自适,最受晚年苏轼的喜爱,写了大量的和陶渊明诗歌的诗和散文,重现一生创作的最后辉煌!

[期间诗词]

蝶恋花·春景

花褪残红青杏小。燕子飞时,绿水人家绕。枝上柳绵吹又少,① 天涯何处无芳草!②

墙里秋千③墙外道。墙外行人,墙里佳人笑。笑渐不闻声渐悄,多情却被无情恼。④

[注]
① 柳绵,柳絮。
② "天涯"句:《林下词谈》有记载:"子瞻在惠州,与朝云闲坐。时青女初至,落木萧萧,凄然有悲秋之意,命朝云把大白,唱'花褪残红'。朝云歌喉将啭,泪满衣襟。子瞻诘其故,答曰:'奴所不能歌,是枝上柳絮吹又少,天涯何处无芳草也。'"联系苏轼的遭遇——一生漂泊,最后还被远谪千里之外,这遭遇和随风飘飞的芳草何其相似!
③ 秋千:古代女子喜爱的游玩器具。这里暗示为"佳人"。
④ 悄,消失。多情,指墙外行人。无情,指墙里佳人。

[解读指要]
绍圣三年(1096年)晚春作于惠州贬所,其或更早。虽是感叹春光流逝、佳人难见的失意小词,表现了作者寂寞失意的惆怅,但仍隐约可见其旷达的

人生态度。

[内容提示]

首句写花、写果——杏树上凋谢的花儿,残留的红色消退了一点又一点,幼小的青杏却在枝头上露脸。接着写燕、写家——又见那燕子掠过水面,绿水环绕着人家的墙院。下面写柳——风吹柳絮,纷飞稀少。足见暮春时节,春色已褪,春意将尽……

上片写物,是伤春的基调,是暗暗的铺垫。下片写人,是伤情的基调。

墙里传来秋千上佳人的笑声,墙外小道上行人在凝听,也许在窥探!墙内是朝气蓬勃的欢笑,墙外是心事茫茫的思念。笑声不再,思念依然,佳人无情,行者多情,悄无声息之中,烦恼堵塞在行人的心间!

伤春:春意将尽,感伤不已。伤情:感伤春褪的迟暮之情,感怀身世坎坷之情,思家恋乡之情,向往新生之情,恐怕不仅仅是感怀异性之情!

情未了,意更深,读者自可咀嚼再三……

[诵读点拨]

上片四句,把握住伤感的基调,滞涩的节奏,低平的语调,可在“天涯何处无芳草”句诵读时,形成一时间的高潮:声高、调起、意悲、情浓!几乎带点哭声。

下片语速稍快,诵读“墙外行人,墙里佳人笑”时,重音强调“笑”,但不是字面上的“笑”,而是强忍伤感的“笑”,含悲之“笑”!结尾两句,突然减速,迟迟读来,在“多情却被”处,略微声高,间歇停顿半拍之后,伤心读出“无——情——恼——”,声音在自然减弱中消失……

食荔枝(其二)(1096 年)

罗浮山①下四时春,卢橘杨梅次第新。②
罗浮山下四季如春,卢橘杨梅依次果熟味醇。

日啖荔枝三百颗,不辞长作岭南人。
日食荔枝三百颗,宁愿永做岭南人。

[注]

① 罗浮山:在广东博罗、增城、龙门三县交界处,长达百余公里,峰峦四百多,风景秀丽,为岭南名山。

② 卢橘:橘的一种,因其色黑,故名(卢:黑色)。但在东坡诗中指枇杷。《冷

158

斋夜话》卷一载:"东坡诗:'客来茶罢无所有,卢橘杨梅尚带酸。'张嘉甫曰:'卢橘何种果类?'答曰:'枇杷是也。'"

[解读指要]

　　1096 年 60 岁的苏轼作于惠州。岭南两广一带在宋时为蛮荒之地,罪臣多被流放至此。迁客逐臣到这里,往往颇多哀怨嗟叹之辞,而东坡则处之泰然,他在这首七绝中表现出的乐观旷达、随遇而安的精神风貌:他爱荔枝,也爱南方山水,愿"长作岭南人"。其实,也可以说,这是满腹苦水唱赞歌。

　　其中"日啖荔枝三百颗,不辞长作岭南人"二句最为脍炙人口,字面上确实是东坡先生赞美岭南风物,抒发对岭南的留恋之情,其实,这正是满腹苦水唱出似苦也甜的赞歌。

　　经过黄州的磨炼,苏轼在岭南时的心情与黄州时相比,平静了许多。史载有苏轼在惠州"居三年,泊然无所蒂介"。苏辙《东坡先生和陶诗引》中介绍:"东坡先生……华屋玉食之念,不存于胸中。"

　　晚年的苏轼,不厌其烦地和陶渊明的诗,并把和诗编撰成集。而和陶渊明的诗,以居岭南时为最多。在惠州的四年里,共和陶诗一百余首。他还明确表白:"平生出仕以犯世患,此所以深愧渊明,欲以晚节师范其万一也。"(见苏辙《东坡先生和陶诗引》)可见苏轼已诀别仕途,以陶渊明归隐园田为范,长作岭南人了。

　　苏轼因仕途坎坷,曾想避世遁俗,又因念念不忘国运民生,终于没能做到归隐山林。在岭南时,他内心的这种出世与入世两难的心境。有了比较明显的倾斜。

[诵读点拨]

　　开篇两句,由衷赞美,吐字略带跳跃感,语气轻快喜悦。三、四两句,语显潇洒乐观。"三—百颗—"的节奏韵律,让人有一种自信、自乐的感觉。"不辞长作岭南人"语显兴奋,语调扬上而去——

《食荔枝》品读有感

彭世强

逐臣漂泊蛮荒地,嗟叹怨忧岂不多!
旷达乐观随遇安,一怀苦水亦唱歌。
珍馐华屋全无记,唱和陶诗一竹箩。
纠结田园五柳树,心境之难好琢磨。

4. 最后漂泊（1100—1101 年）

六月二十日夜渡海

参横斗转欲三更，①苦雨终风也解晴。②

参、斗两星转移，寒夜已近三更，连绵的风雨，均已停歇，天又放晴！

云散月明谁点缀，③天容海色本澄清。④

阴云散尽，靠谁点缀月更明？其实，蓝天碧海本就澄清明净！

空余鲁叟乘桴意，⑤粗识轩辕奏乐声。⑥

心有当年孔子的主张："道不行"，就乘竹筏远游海上。

终于明白黄帝奏乐的意味，悟出了海涛声声隐含的主张！

九死南荒吾不恨，⑦兹游奇绝冠平生。⑧

即便九死在这南荒地方，也不悔恨！

在这一生中，奇绝的海南遭遇，将超过以往！

[注]

① "参横斗转"句："参"（shēn）、"斗"指两颗宿星。横、转：指星座位置的移动。

② 苦雨：下个不停的雨。终风：吹个不停的风。

③ 点缀：加以衬托或装饰，使原有事物变得更为美好。

④ 天本澄清，我本清白。

⑤ 鲁叟：孔子；桴：竹筏；孔子曾说："道不行，乘桴浮于海"即政治主张行不通，就乘木筏飘游海上。

⑥ 轩辕：指黄帝。《庄子·天运》中记载：黄帝曾在洞庭湖边上演奏《咸池》乐曲，并借音乐说理。作者此指海涛的声音。

⑦ 南荒：指尚未开化的海南。

⑧ 兹游：指这次贬谪海南的经历；冠：位居第一。

[解读指要]

晚年受政敌迫害，被贬海南儋州。元符三年（1100 年）哲宗去世，徽宗即位。苏轼遇赦召还，结束了七年的岭南生涯。北归途径琼州海峡，连日风雨骤止，云散月明，蓝天碧海触景生情而写。

6 月 22 日，苏轼一行上船准备渡海，不料风云突变，暴雨呼啸而至，瞬时间海涛汹涌，巨浪滔天，船不能发，但上灯以后，风雨骤止，船在夜色中启碇。

苏轼站立甲板上,忽然想起孔子语——"道不行,乘桴浮于海",想起自己琼岛三年,九死一生,朝廷风雨结束了,政客小人被逐出朝堂之外,我苏轼虽被放逐,却还活着,如今能见黉(yín)夜渡海的奇绝风光,也是平生一大幸事!于是情动于中而形于言,写下此篇!

在夜渡大海中,写海景,更披露胸襟!议论古今,含而不露,寄意深远,值得品味咀嚼!内含着强烈的人格力量!

[诵读点拨]

上片写景,诵读语气并不轻松,要用沉缓的节奏。

诵"参横斗转欲三更,苦雨终风也解晴"两句,要理解它们不是一般的赞美,而是对久盼见晴天气的歌颂,略带几分激动。

三、四句"云散月明谁点缀,天容海色本澄清",诵以沉沉稳稳的节奏,"本澄清"三字,未必高音,但要有力的字正腔圆,以显自信。

五、六句"空余鲁叟乘桴意,粗识轩辕奏乐声",要带几分苦涩感,若有所思、所悟般地缓缓吐字。

最后两句"九死南荒吾不恨,兹游奇绝冠平生",需在沉稳中加强吐字的力度,"吾——不恨"三字,不仅提升音高,更要在"不"的吐音上,"先阻后放",造成一定的气流喷涌而出。而"冠平生——"则可高音琅琅、语调轻扬地诵出!

自画像并题诗

心似已灰之木,身如不系之舟。

心如死灰般宁静,身如辗转奔波的不系之舟,漂泊不定的南北闲游之舟。

问汝平生功业,黄州惠州儋州。

要问平生的功业何在?恰恰就在苦难的黄州、惠州和儋州期间!

[解读指要]

建中靖国元年(1101年三月),65岁的苏轼北上,由虔州出发,经南昌、当涂、金陵,五月抵真州(今江苏仪征),拟到常州居住。在真州游金山龙游寺时作。据说当时见到李公麟为苏轼所画的"东坡居士像",苏轼凝然伫立,注目良久,然后便泼墨而成此诗。

这是苏轼对自己一生的总结,字里行间渗透的是复杂而浓烈的感情!酸甜苦辣,诸味俱全!是愤懑,还是洒脱?是自嘲,还是自慰?是深长的豪迈,还是久远的感慨?

读者应该回顾苏轼的一生,细细品酌这首短诗。

整体的音步节奏是滞重沉缓的。

第一句"心似已灰之木",用冷漠的口气诵出,以显其心灰意冷。但第二句"身如不系之舟",就隐含愤懑口气,以示抗争和不满!但要掌握好"度"——过犹不及,因为这是65岁成熟以后的苏轼的愤懑。

第三句"问汝平生功业",转以比较轻松的一问。最后一句"黄州惠州儋州"要一词一顿地饱满吐字:"黄州—惠州—儋州——"复杂感情蕴含其中。千万不能浮躁、飘忽,简单化地高亢!

完全可以重复诵读三四两句,但第二遍诵读"三州"句,语调应该变化。第一遍沉稳深重,第二遍则应该略微加强音量,让语调稍有些上扬!

自画像并题诗　　　词　苏　轼
曲　彭世强吟唱调

6 6· 3 5 1 6 0 | 1· 6 6 3 1 2· | 2· 2 6 5 65 3 |
心 如 已 灰 之 木　身 似 不 系 之 舟　为 汝 平 生 功 业

2 3 0 2 2 0 3 21 6 5· | 3· 6 6 2 0 5 3216 5· ‖
黄州　惠州　儋　州　黄州惠州　儋　州

附趣诗三首:

花　影

重重叠叠上瑶台,几度呼童扫不开。
刚被太阳收拾去,却教明月送将来。

琴　诗

若言琴上有琴声,放在匣中何不鸣?
若言声在指头上,何不于君指上听?

洗　儿

人皆养子望聪明,我被聪明误一生。
惟愿孩儿愚且鲁,无灾无难到公卿。

162

三首趣诗,风格相似,幽默自嘲中,不乏人生感慨!又有几分怀才不遇的郁愤,也有几分回味一生的无奈,还可能有几分蔑视小人的激越。但是,咏物感怀,若是而非的手法,含蓄抒怀,却很有奇才东坡的特色!看似轻松的语言,实际上是苏轼咀嚼一生的结晶!

苏东坡,是中华民族的奇才,是华夏古国的英魂。他是一个特殊的存在。生前名声如日中天,几乎无可企及;死后磨洗九百多年,依然光彩照人!是因为他的学识渊博,更因为他的人格魅力。

经历坎坷的人生磨难,磨出了他卓绝千古的人格风范。其实,东坡先生他并非高居神坛的圣人,更非完人,而是优缺点十分明显的凡人,他的个人气质,决定了他可以是个为民请命的好官,但不能成为成熟的政治家;可以成为汲取生活营养,写出一篇篇、一首首好诗文的文学家、文坛领袖,但不能成为善于斡旋、保护自己的精明官吏。他的笔、他的嘴,给人留下了话柄、留下诬陷的证据,同时,也给后人留下了一笔笔无可估量的精神财富。

他有正直坦率、光明磊落的个性;他有过人的才华(诗词散文、书法绘画皆在人上,唯喝酒、下棋、唱曲在人之下);他有健康的幽默感;它还有旷达自适的人生态度。

作为一个文学家、艺术家,他有深刻洒脱的艺术个性。因此苏轼活脱脱地留在后人心中,苏轼成了一种精神财富的象征!

诵读这样一位奇才的诗作,吟唱这样一位英魂的词作,是一种极富享受的学习!这是一个走近伟人,倾听其心声的过程,更是一个艺术熏陶浸润的过程!

学苏轼,学什么?这就是留给我们的作业——将做一辈子的作业!

巾帼须眉,博雅刚烈
——李清照诗词品赏

主讲人:

仰望晴空,絮棉飘浮,倏然间,那诡奇多变的浮云,幻化成了一位微步蹒跚,蹀躞曲径的老妇人。那佝偻羸弱的身躯,并不削弱她在国人心目中的高大形象。

此刻,她,正俯视金瓯,期盼着神州大地,永远的春风骀荡,绿意盎然。她,终于欣慰地莞尔一笑……

［PPT画面词配画外音］

中国的文坛，历来是男性的世界。然而，在诗坛，偏偏有李清照这样一位不让须眉的巾帼诗人，偏偏有李清照这样一位"别成一家"、博雅刚烈的杰出文人！

主讲人：

李清照（1084—1155年），凭着她传奇的人生经历，创造出一首首脍炙人口的优秀诗词，跻身于文学大家的行列！

她的诗词数量存世不多（仅仅70多篇），远不及李、杜、苏、辛等男性名家。然而，她不仅敢闯诗坛，敢创新风，敢于提笔写下三百字的咏史诗，更以高雅秀丽、通俗清新的文笔、浓烈真挚的情感、个性鲜明的词风，成为"压倒须眉"的"婉约词宗"，并成为"易安体"的独到词家！

［PPT画面词配画外音］

李清照，她是中国文学长空中，寥若晨星的杰出女作家的代表，是中国文学群岭中的一座极富特色的秀美山峰！

让我们缓缓起步，走近这位婉约词人，景仰这座博雅刚奇的"秀美山峰"吧……

早期才女，"如梦"词作
（1084—1101年）

主讲人：

李清照生于山东济南章丘的一个官宦之家，父亲李格非（《洛阳名园记》的作者）是北宋文学名流，有很高的文学修养，对李清照有着较大的影响。

青少年时代的李清照，深受亲人宠爱，钟情于家乡的花木、山水，饱读诗书经典。曾先后写出《如梦令》二首，令人叫绝！

［聆听朗诵录音］让我们一起来品赏解读第一首《如梦令》（播放朗诵录音）。

如 梦 令

常记溪亭日暮，沉醉不知归路。兴尽晚回舟，误入藕花深处。争渡，争渡，惊起一滩鸥鹭。

主讲人：

　　少女们在荷花淀里欢快地撑船游荡……此情此景，令她们"常记"而难忘。傍晚时分，她们"沉醉"于溪亭边的湖面上。一时间，不知归路在何方？因为那亭亭而立的荷花，田田而展的荷叶，淹没了小舟，遮住了少女的目光。

　　暮夜，她们争着撑船回去，好一番喧闹；夺路而去者，爆出一番欢笑。这充满青春气息的"争渡"，让万籁俱寂之夜，传出了"一滩鸥鹭"的惊飞乱叫！

　　这朴素的几笔白描，是开放、豪爽、潇洒的少女们的真实写照！

［现场诵读，并聆听吟唱录音］

如 梦 令

　　昨夜雨疏风骤，浓睡不消残酒。试问卷帘人，却道海棠依旧。知否？知否？

　　应是绿肥红瘦。

主讲人：

　　还是那个青春年少的李清照，都给读者留下了一个截然不同的画面……

［PPT 画面词配画外音］

　　清晨醒来，少妇愁情未尽，酒意未消。忽然念及昨晚暴雨疏狂，骤风呼啸。她便着急地试问丫鬟："柔嫩的花木是不是厄运难逃？"

　　却不料，卷帘丫鬟的回答，竟是那样地淡写轻描："海棠依旧。"这无情的回答啊，真让有情人顿生烦恼！

　　丫鬟的淡漠让少妇愁郁倍添！于是，少妇憋闷地发出"知否？知否？应是绿肥红瘦"的嗔怨！作者叹惜海棠的瘦弱，怨恨风雨的残暴。叹的是花，惜的是人，恨的是无情风雨，将美好事物摧残！

［现场诵读并吟唱比较两首《如梦令》］

主讲人：

　　前一首是那样青春勃发，后一首是如此愁郁伤感。一样的词牌，不一样的情绪渲染。诵读、吟唱务必准确把握各自感情，用声音把文字还原成有血有肉的动情画面！

恩爱连理,秀美雅词

(1101—1117 年)

主讲人:

　　酷爱金石书画的赵明诚,仰慕文学前辈李格非,也久闻李清照的才女名声。于是,春日之晨,李府门前,来了这位 18 岁的太学生。

[现场诵读、吟唱]

点 绛 唇

　　蹴罢秋千,起来慵整纤纤手。露浓花瘦,薄汗轻衣透。见客入来,袜刬金钗溜。和羞走,倚门回首,却把青梅嗅。

[PPT 画面词配画外音]

　　他的叩门声,惊动了露珠闪烁的瘦花旁的李清照,惊动了这位刚下秋千,汗香渗透薄衣的女郎。她,一眼瞥见这位青年才俊,一时变得性急慌忙,来不及穿鞋,来不及整顿衣裳,更来不及捡拾掉落的金钗,就走向闺房。突然,她转身停步,透过青梅枝桠的缝隙偷望……把来客的身材容貌,细细打量。

主讲人:

　　少女片刻的羞怯,片刻的心动,跃然纸上,那纯情的爱意,渗透在《点绛唇》的一字字,一句句,一行行……

主讲人:

　　那一次拜访,竟换来赵明诚的奇梦惊讶:他梦中读书,醒来只记住三句话——"言与司合,安上已脱,芝芙草拔"。

　　其父赵挺之为之解梦:"言与司合"不就是"词"吗?"安上已脱",便是"女"呀;"'芝''芙'两字头上的草拔掉,那便是"之夫"啊!

　　哎呀呀,这不明确暗示"词女之夫"啊!赵挺之心领神会,很快便下婚帖到李家。于是,1101 年赵、李两家成亲家。

　　婚后,这一对文学伉俪,恩爱有加。新婚夫妇在汴京,度过了六年甜蜜的韶华。不信?请读短词《减字木兰花》。

[现场诵读、吟唱]

减字木兰花

卖花担上,买得一枝春欲放。泪染轻匀,犹带彤霞晓露痕。

怕郎猜道,奴面不如花面好。云鬓斜簪,徒要教郎比并看。

[PPT 画面词配画外音]

娇媚无比的她,自言春日买来一枝鲜艳的梅花,轻染点点晨露,犹如朵朵红霞。见花思人,却怕夫君移情别恋,嫌自己不如梅花。

这哪里是不自信的独白?分明是撒娇的情话。可不是吗?她,头上插花,偏要丈夫表态:美的是人,还是花!这,可是幸福满满的真情表达!

主讲人:

恩爱夫妻,新婚后有过汴京生活的六年(1101—1107 年),更有青州幸福安居的十年(1107—1117 年)。其间,有过别离之愁,更遇新旧党争之患:先是父亲李格非遭贬,后是公公赵挺之罢相、辞世,接着便是赵氏兄弟罢官之难。

青州十年,夫妻俩生活清贫:佳肴不得食,华彩不显衣,头上不插珠宝,身上不见华丽的装饰,屋子里也无名贵的家具器皿(《金石录后序》:"食去重肉,衣去重彩,首无明珠、翠羽之饰,室无涂金、刺绣之具")。他们收集、校勘金石书画,完成《金石录》一书,获得了清贫中的温馨。

[现场诵读、吟唱]

一 剪 梅

红藕香残玉簟秋,轻解罗裳,独上兰舟。
云中谁寄锦书来,雁字回时,月满西楼。
花自飘零水自流,一种相思,两处闲愁。
此情无计可消除,才下眉头,却上心头。

[PPT 画面词]

"易安结婚未久,明诚即负笈(jí 书箱)远游。易安殊不忍别,觅锦帕书《一剪梅》词以送之。"(见于元代尹世珍《琅嬛记》一书)

[PPT 画面词配画外音]

李清照新婚不久,赵明诚离家别妻,外出游学。李清照依依不舍地在一

块锦帕上书写了《一剪梅》这首词,以赠临行的丈夫。

主讲人:

红荷凋零,犹存残香,玉席更添几分秋凉。白天,思妇解下轻薄的罗衫,把兰舟登上。泛舟也无法消愁,依然孤独、惆怅。夜晚,她在涂满冷月的西楼,倚栏远眺,盼鸿雁传书,却愁意难挡。

落花随流而去,愁思随花而漂,青春随时光而流淌。夫君和她,一样的思念,分别在两个地方!浓郁的愁伤,刚从眉头消失,竟又浸润心房!

[PPT 画面词配画外音]

"易安以重阳《醉花明》词函致赵明诚。明诚叹赏,自愧弗逮,务欲胜之。一切谢客,忌食忘寝者三日夜,得五十阕,杂易安作以示友人陆德夫。德夫玩之再三,曰:'只三句绝佳'。明诚诘之。答曰:'莫道不消魂,帘卷西风,人比黄花瘦。'正易安作也。"(见于元代尹世珍《琅嬛记》一书)

主讲人:

又逢重阳,恰是婚后别离,李清照写下《醉花阴》往夫君处函寄。赵明诚品赏佳作,兴奋不已。虽自叹不如,却心有不甘,欲比高低。于是,废寝忘食,谢客门闭,五十篇词作,三天三夜的落笔!

这天,赵明诚将自己和妻子的词作,混杂一起,请好友陆德夫鉴别、评比。陆君玩味再三,断言:只有三句绝佳。急得赵明诚追问所以,回答是"莫道不消魂,帘卷西风,人比黄花瘦"珍为佳作,值得一提!

妙哉,这三句,正在李清照的《醉花阴》里汇集!

[现场诵读、吟唱]

醉 花 阴

薄雾浓云愁永昼,瑞脑①消金兽②。佳节又重阳,玉枕纱厨③,半夜凉初透。东篱④把酒黄昏后,有暗香盈袖。莫道不消魂⑤,帘卷西风,人比黄花瘦。

[注]

① 瑞脑:一种香料。
② 金兽:兽型香炉。
③ 纱橱:瓷枕纱帐。
④ 东篱:指菊圃。
⑤ 不消魂:形容极度愁苦。

[PPT 画面词配画外音]

一整天,薄雾满布天宇,浓云笼罩心头,金兽炉上瑞脑香幽幽。重阳节,独自卧躺玉枕纱帐,夜半顿觉秋凉寒透! 黄昏后,东篱下独饮菊花酒,花香隐约,盈满衣袖。谁说佳节饮酒不伤愁? 珠帘被西风卷起,帘内的人儿,竟比黄花还要消瘦。

主讲人:

全篇铸就了一个"愁"字,可谓"凉"意嗖嗖! 它,凉透了千年,凉透了读者的心头! 国难当头,李清照的诗词,将成为更粗、更大、更浓黑而发亮的一个"愁"!

国破家亡,苦难经历
(1117—1159 年)

[PPT 画面词配画外音]

青州十年以后,这对恩爱伉俪,又将分离。赵明诚仕途复出,外任于宋徽宗后期。1127 年,金兵长驱南入,夺城略地。最后,攻陷汴京,俘获徽、钦二帝! 北宋灭,南宋起,华夏古国陷于金瓯半缺的破损境地!

主讲人:

李清照,尝尽别离的苦难。后又遭遇家乡沦陷,家中的金石毁于兵燹(xiǎn 战乱造成的焚烧、破坏)。1129 年赵明诚病逝人间,从此,易安女中年孀居,命运多舛。

晚年的她,更经受了一场痛苦的婚变:先遭张汝舟的婚骗,后又不得不与之公堂争辩! 最后,虽经多方人士的支助而胜诉,乌云一时散去,但,牢狱之灾难免……

国家不幸诗家幸,苦难毕竟是磨炼! 李清照的诗词因此变得愈加成熟、璀璨。早期作品的秀丽雅致,逐渐被后期作品的沉郁、刚烈的愁痛所替换,而正是这愁痛的一次又一次,铸就了佳作一篇又一篇!

[PPT 画面词配画外音]

1127 年,金兵铁蹄南下,北宋破灭,南宋朝廷腐败苟安。同年,担任建康(今南京)知府的赵明诚,在一次城中叛乱时,竟缒(zhuì)城而逃(用绳索从城墙吊下逃离),严重失职而被罢官,李清照为丈夫的行为而深感耻辱。

1129 年春,赵明诚夫妇,避难逃往江西,途径安徽和县乌江镇,行至乌江,面对浩渺的江水,李清照心潮澎湃,浮想联翩——她想起了霸王项羽,兵败乌江,因愧对江东父老,含恨自刎。她对比丈夫的行为,以史为鉴,兴发感动,完成了这首流传千古的正气歌——

[现场诵读、吟唱]

夏日绝句(又名《乌江》)

生当作人杰,死亦为鬼雄。至今思项羽,不肯过江东。

主讲人:

短短的二十字,引发多少贤士仁人的拍案叫好!

"生当作人杰,死亦为鬼雄",开篇便是高潮!让人仿佛看到顶天立地的项羽,昂首长啸;也仿佛幻现面对滔滔江流,泪赞英雄的李清照!她,赞的是悲剧英雄——西楚霸王吗,她,赞的更是大浪淘尽的千古英豪!

"至今思项羽,不肯过江东",明的是赞舍生取义的项羽,暗的是对苟安者的蔑视和嘲笑!

好一位"婉约词宗"李清照,豪气满篇,赞颂忠义为正道!

[PPT 画面词配画外音]

1130 年春,也就是赵明诚去世的第二年,47 岁李清照南下避难,曾在海上航行,途遇风浪之险,有感而发作此篇。

[现场诵读、吟唱]

渔家傲

天接云涛连晓雾,星河欲转千帆舞。仿佛梦魂归帝所。闻天语,殷勤问我归何处?

我报路长嗟日暮,学诗谩有惊人句。九万里风鹏正举,风休住,蓬舟吹取三山去。

[PPT 画面词配画外音]

夜空星斗欲转,晨雾云涛缭绕,海风摧得千帆舞飘。仿佛梦回天庭,闻得天帝热情之问:"归向何处?请快相告。"

我感叹:路漫长、日昏沉,空有惊人诗作为人称道。我高声说:大鹏展劲翅,乘风上九霄!风儿啊,别消停,且将我这飞蓬小舟,吹送至蓬莱三仙岛!

主讲人:

李清照,描述了处境的险恶,倾吐了屈才的郁闷。这位巾帼才女,尽发须眉之慷慨和悲愤！

难怪梁启超赞道："辞绝似苏（轼）辛（弃疾）派"，赞她男儿般激昂和坚韧！

主讲人：

1135年暮春三月，金兵入侵，丈夫已故，家藏的金石文物散失殆尽，52岁的李清照，漂泊流离，孤苦伶仃，南下避难于浙江金华，作《武陵春》以寄愁心。

[现场诵读、吟唱]

武 陵 春

风住尘香花已尽，日晚倦梳头。物是人非事事休，欲语泪先流。

闻说双溪春尚好，也拟泛轻舟。只恐双溪舴艋舟，载不动许多愁。

[PPT画面词配画外音]

此前，狂风无情，尘埃里花落已久。如今，骤风已歇，尘土中花香难留。日已黄昏，我依然无心梳头。可叹那人事全非，风物依旧，未曾开口，涕泪先流。

听说双溪春光尚好，我也想溪流泛舟。却只怕，船儿太轻且小，载不动我一腔浓重的忧愁。

主讲人：

年过知命，缠绵于病榻的李清照，蘸着泪水，泼墨成篇。那真是字字苦，句句沉啊！

花落香尽的残景，让她痛感家国破败的冷清；物是人非的山城，使她深陷无穷无尽的哀情。

未亡人，空房独影。陪伴于屋外的山，是那样地孤冷而寂静；守候在周遭的水，又是那样的落寞而凄清。

她，暮年漂泊，郁积的忧愁，源自渺茫却难忘的亲情！

全篇浓缩为一个字——"愁"！它，笔画特粗，笔力特沉，笔墨特浓，笔格劲道！这晚年之"愁"，既是思亲、思家的个人之愁，更是蕴蓄久远的家国之愁！

[现场诵读、吟唱]

声声慢

寻寻觅觅,冷冷清清,凄凄惨惨戚戚。乍暖还寒时候,最难将息。三杯两盏淡酒,怎敌他、晚来风急!雁过也,正伤心,却是旧时相识。

满地黄花堆积,憔悴损,如今有谁堪摘?守着窗儿,独自怎生得黑?

梧桐更兼细雨,到黄昏、点点滴滴。这次第,怎一个愁字了得?

主讲人:

晚年的李清照,身心疲惫地面对各种诬陷和嘲讽。年届半百,重病缠身,难觅精神上的港湾,怎低语无情的疾雨骤风。一不小心,错嫁了居心叵测的张汝舟,陷入了备受折磨的黑洞!

然而,"生当作人杰"的李清照,勇敢地揭发后夫的违法罪行,以求解除婚约,冲出牢笼。尽管,付出的代价是身陷囹圄的不公。然而,她为人格的尊严,显示了超凡的英勇。一曲《声声慢》便诞生在这样的坎坷遭遇中!

[PPT 画面词配画外音]

寻寻觅觅的我茫然失落啊,身处冷冷清清的环境。我满怀凄凄、惨惨、戚戚的愁绪,不停地寻觅着我的事业,我的亲情,寻觅着家国的完整、安宁!

忽暖忽寒的秋日里,真难调养、何求平静?即便喝上三杯两盏淡酒,哪能挡得住这晚来的风急,哪能抵得了无尽的痛苦和冷清?

如今,目睹来自北方故乡的大雁,想起那旧时相识的鸿雁——它,曾为我们夫妇传书寄情。

零落的菊花,无人问津,堆积在庭院小径。花如此,人亦然,憔悴之人孤零零。我独自守着窗儿,怎捱得到天黑雨停?细雨洒落梧桐叶,这,点点滴滴的愁雨,让人心潮难平;这,如泣如诉的苦雨,叫人永难宁静!

主讲人:

《声声慢》的这个"愁",蕴含着对南宋朝廷昏庸无能,屈膝投降的愤懑,表现了一个弱女子的抗争!诵读、吟唱时节奏固然要沉缓,情感固然是哀伤,但沉缓、哀伤中不乏坚韧、刚勇。

这不是李清照人生最后阶段的词作,但流传极广,影响极大,成了经典诗篇。也许,它更能显现易安居士的博雅、刚烈,显现她巾帼不让须眉的传奇历练!

云赋易安

彭世强

我,仰望蓝天,白云嫋嫋,总觉着它像一个熟悉的身影……莫非她就是那位旷世才女,易安居士?清风徐来,轻音渺渺,莫非那就是她美妙的歌吟?

白云,那样地飘逸,倏忽间,幻成"争渡,争渡","惊起"的"一滩鸥鹭"?又忽然是一团浓云,暗暗的、沉沉的,形若"浓睡不消残酒"的少妇,我耳畔又传来悲戚隐约的吟咏。

清逸的白云随风飘游,它倏然躲闪,宛若少女"倚门回首,却把青梅嗅"。她,偷窥着英俊才子,流露着一见钟情的羞涩。

在风儿的推搡和催促下,轻云雀跃着前往"卖花担上,买得一枝春欲放",我似乎见到那位少妇正把春花斜插云鬓,执拗地"徒要教郎比并看"。哦,好一份娇嗔,好一份真爱啊!

造物主搓、揉、捏、捻着青云,青云俨然成了一坨"愁"云,一抹铅色。又成了一位"轻解罗裳,独上兰舟"的少妇背影,更传来"一种相思,两处闲愁","才下眉头,却上心头"的幽咽轻吟。那颀长的身姿,不就是消瘦的易安女吗?她俯首泼墨,挥洒着"莫道不消魂,帘卷西风,人比黄花瘦"的心声。这真真切切的思念,拨动了多少人的心弦。

我,凝望着飘忽不定的絮云,反复咀嚼李清照笔下的"愁"字。若言天宇暗云,变幻无定。那么,易安"愁云",却是随着国运之变,平添苦色,且越添越沉。这"愁云"如舟,忧思如焚,焚而为诗——"也拟泛轻舟。只恐双溪舴艋舟,载不动许多愁"……这分明是思乡忧国,贬斥苟安,气度不凡的"愁诗"啊!

絮云并非暗淡无光,恰恰是晕而泛亮,眩而闪光!不是吗?耳畔又一番铿锵豪放的讽咏——"九万里风鹏正举,风休住,蓬舟吹取三山去";更一阵掷地有声的高歌——"生当作人杰,死亦为鬼雄"!

李清照的晚年是凄苦孤寂的,就像那絮云,招致无情的撕扯,然而久病孱弱的李清照,絮未断,情未了,志未灭!倏忽间,清云竖为云柱,挺如女侠!

我看到两朵柔云,一样心迹,一般豪放!秋瑾的《满江红》,易安的《声声慢》,前者鲜红,后者暗紫,然而,满篇是愁,通篇是愤。女侠的"身不得,男儿列,心却比,男儿烈!","俗子胸襟谁识我?英雄末路当磨折。莽红尘,何处觅知音?"何不是易安的心声?李清照"寻寻觅觅,冷冷清清,凄凄惨惨戚戚""怎一个愁字了得"的倾诉,何尝不是鉴湖女的反问?

望着清云,我心难平静,只为女中豪杰,已深深印入我的心灵……

主讲人：

　　1155年，七十二岁的李清照，终于在孤寂凄凉的环境中辞世，在尝尽了嘲讽诽谤和国破家亡的苦难之后走了……她，走得很冷清，但很光彩！因为她不仅给我们留下了华夏民族宝贵的文化遗产，更留下了她的人品，她的精神，她的英魂……

　　她，留给我们的是民族的骄傲！

金戈铁马，豪放人生
——辛弃疾词作品鉴赏

［PPT画面词配画外音］

　　历史的主旋律，永远是英雄的赞歌；它在黄钟大吕的深沉中，隐隐回荡……

　　燕赵悲歌总是秦汉时的主旋律，酣畅淋漓是盛唐的辉煌，而时而婉约，时而豪放，那是两宋时的悲壮！

　　历史，冷峻地凝视着一位万世景仰的词人，历史，慎重地记录了他的金戈铁马，刀剑血泪的豪放！

主讲人：

　　他，就是"人中之杰，词中之龙"——辛弃疾，他就是英毅磊落的爱国名将，辛稼轩，他就是"赢得生前身后名"的豪放词人，他的词作，是一次次搏击在动荡时局的天问，是一套套翻滚在刀尖剑刃上的长拳。聆听他的倾诉，会感到他滚烫滚烫的心跳；诵读他的词作，会涌起难以平复的心浪！

　　让我们循着他的人生足迹，登上他的心灵之舟，翻开他的名篇佳作，细细品赏！

跃马横枪，雄姿英发
（1140—1162年）

［PPT画面词配画外音］

　　辛弃疾诞生在动荡的1140年，山东济南是他的老家。他在金兵南侵的故乡长大，祖父的时时训诫是"南下报国"。一颗忠心爱国的种子，就在他心中发芽。

他,挥刀舞剑,身手不凡,腹有诗书气自华。凌云志,早立下——重整山河,匡复国家!

1161 年,22 岁的辛弃疾,挥舞抗金大旗,率两千志士,英姿勃发。随后,他又率部投向耿京 20 万起义大军,并力劝耿京,归顺朝廷,报国南下。

1163 年,他联络南宋朝廷复命返回,不料,事变突发!

[PPT 画面词配画外音]

叛徒张安国居然率部投金,20 万义军遭瓦解,义军领袖耿京惨遭杀害!闻讯之后的辛弃疾,率兵五十骑,闯入数万人的敌营,把叛贼张安国一举拿下!

虽然此举让他受到朝廷的夸赞,被授官职,英名大振。然而,他却未获真正的信任! 身处"暖风熏得游人醉,只把杭州作汴州"的南宋时代,辛弃疾,只能成为一个足迹无常的宦游人……

壮志凌云,多处受挫
(1162—1181 年)

[PPT 画面词配画外音]

满怀重整山河的壮志,南下归顺朝廷,辛弃疾在这 20 年里,足迹遍及江、浙、皖、赣、鄂、湘诸地,担任过通判、主簿、知州、转运副使、安抚使等十几个职务。虽不能跃马横枪上战场,却总想为官一地,造福于民,为抗击金兵,创造一个安定繁荣的大后方……

主持人:

辛弃疾任职安徽滁州知州,面临城乡凋敝,民不聊生的破败情景。为减轻赋税,他向朝廷请命;为创建民兵,他召回流散百姓;为经济复兴,他鼓励正当经营。无多几日,滁州百废俱兴!

辛弃疾受命去江西平定"茶寇",他施以铁腕平乱! 他又在湖南参与平定农民的暴乱,但也上书朝廷,为官逼民反的百姓喊冤。他一手兴修水利,治理民生;一手缉捕盗贼,抑制豪强,让湖南局面终有改观! 他又组建了地方武装"飞虎军",既保社会治安,更准备为抗击金兵而战!

[PPT 画面词配画外音]

辛弃疾二十年为官的政绩,换来的是"贪官酷吏""杀人如草芥"的恶名;但他依然把《美芹十论》《九议》等论文,上奏朝廷。他力陈抗金主张,换来的却是罢官的处境!

他仰天长啸，倾吐心声，一篇篇佳作，揭示了他的理想人生；一首首名篇，记录下他的热血沸腾！

[现场吟唱并聆听歌唱录音]

青玉案·元夕

东风夜放花千树，更吹落、星如雨。宝马雕车香满路。凤箫声动，玉壶光转，一夜鱼龙舞。

蛾儿雪柳黄金缕，笑语盈盈暗香去。众里寻他千百度。蓦然回首，那人却在，灯火阑珊处。

[PPT 画面词配画外音]

一度任职临安的辛弃疾，身处元宵佳节的繁华街景，他，绝不陶醉。

东风将千树万树的鲜花吹开，又把那点点繁星吹落，如细雨霏霏。那元宵灯会，烟火闪烁，美艳荟萃。宝马雕车熙熙攘攘，香气满街汇；箫声乐音，袅袅娜娜，妙曲令人醉。玉壶般的皓月，鱼龙形的彩灯，流光满眼飞！

服饰华丽的美女，笑语盈盈，暗香献媚。然而，作者超越了这一番迷人的光艳，不经意地回首一瞥——那追慕已久的佳人，就在街角亭亭而立，幽然身退。她，质朴无华，自甘寂寞；她不求流俗，无怨无悔。

这是鄙夷苟安的暗讽，绝非媚俗的赞美，也蕴含着壮志难酬的感喟！

[现场跟读，然后现场吟唱]

水龙吟·登建康赏心亭

楚天千里清秋，水随天去秋无际。遥岑远目，献愁供恨，玉簪螺髻。落日楼头，断鸿声里，江南游子。把吴钩看了，栏杆拍遍，无人会，登临意。

休说鲈鱼堪脍，尽西风，季鹰归未？求田问舍，怕应羞见，刘郎才气。可惜流年，忧愁风雨，树犹如此！倩何人唤取，红巾翠袖，揾英雄泪！

[PPT 画面词配画外音]

辛弃疾南归十来年，始终不能上阵杀敌，就连力陈抗金主张的奏折——《美芹十论》，也遭冷遇。这一天，他登上建康（今南京）的赏心亭，面对祖国山川，思绪万千，而写下名篇《水龙吟·登建康赏心亭》。

主持人：

楚地千里寥廓的天空，弥漫着清凉，江河水远，秋色无边。放眼眺望啊，那如同玉簪横插、发髻高耸的远山，勾起人无限的忧愁，无尽的愤恨！

落日给楼头添上一抹余晖，失群飞雁的鸣叫，更添一层哀怨。我这个江南游子啊，只能把吴钩看了，把栏杆拍遍，可依然无人领会我的登临意啊！

不要说什么：正好将鲈鱼切碎，烹成佳肴。不要说什么：西风吹尽，季鹰怎么还未回乡，安享故园之乐？

要是像三国的许汜（sì）那样，不顾国事安危，只顾买田购房，恐怕就羞于见到才气横溢的刘备了吧！

可叹啊，大好年华如流水般消逝，当年栽下的树木，已长得高大粗壮，可是，风雨摧残，国势危急，我至今还不能重上战场！唉！请谁来唤得身着华丽服饰的美人，手提红巾，为我拭擦英雄的热泪啊！

[现场吟唱：《水龙吟·登建康赏心亭》]

[PPT 画面词配画外音]：

人到中年的辛弃疾，面对破损的青山绿水的感慨，何止一篇？

1176 年 37 岁的辛弃疾在江西任职期间，途经赣州附近的造口镇，有感又作《菩萨蛮》。

[配乐声中，现场跟读]

菩萨蛮 书江西造口壁

郁孤台下清江水，中间多少行人泪。西北望长安，可怜无数山。

青山遮不住，毕竟东流去。江晚正愁予，山深闻鹧鸪。

主持人：

郁孤台，它那高耸蓝天的古建筑身影，屹立在赣州市郊的贺兰山巅。我曾步履匆匆，登上这座名胜古迹的最高层。在那里，我抬望眼，远山青青，近水潺潺，赣江的两条支流——章江悠悠，贡水涟涟。我又仰望郁孤台上，辛弃疾昂首挺立的塑像。只见辛公剑眉紧锁，远眺绿水青山，左臂撩斗篷于身后，右手握"龙泉"于胯部。他，短须微颤，目光深邃……

我仿佛听到了辛公的轻吟：郁孤台下清江水，中间多少行人泪。

[PPT 画面词配画外音]

这默默的江水啊，载去了多少耻辱的岁月，融入了多少百姓的辛酸！辛弃疾的眼前闪现了这样的画面：

国势垂危，北宋王室南逃，乃至隆裕太后也不得不水路逃生，并在这里登岸而去,百姓却随之惨遭金兵杀戮! 其惨,其难,不堪回首!

主讲人:

　　辛公轻吟:西北望长安,可怜无数山。

[PPT 画面词配画外]

　　辛弃疾深情望着北宋失陷的国都,望着无数的河山,感到的是重任在肩! 他热血沸腾,望江唏嘘,仰天长叹:"可怜无数山"! 这"可怜"本就是"可叹",他叹息河山何时才能复原? 他登上危楼,把栏杆拍遍!

　　他的感叹,透出几多痛楚,几多无奈,几多愤懑! 但稼轩公,收复中原的壮志犹在——

主讲人:

　　故而他继续吟咏:青山遮不住,毕竟东流去。

　　青山能暂时挡住北望的视线,但挡不住江水东流,挡不住收复山河的怒潮!

　　这十个字渗透着辛公激越昂扬之情,先前苦灰色的画面,顿时变为金黄,甚至变成血红! 然而,抗金人士的处境困窘,因为黑雾还很浓、很重。

　　因此,我继续听到了辛公沉重的吟道:江晚正愁予,山深闻鹧鸪。

　　江天已晚,暮色苍茫,身处令人窒息的环境,稼轩公愁肠寸断,耳旁的鹧鸪鸟凄厉哀怨的喊叫,它像是中原父老在水深火热之中的哀号! 也像是提醒辛公谨防小人暗算的警告!

　　这首词的结尾是悲凉、低沉的,但这是孤愤、抗争的低沉! 这是凝聚爱国热血的低沉,这只是受屈英雄的一时低沉!

　　先听后学吟唱《菩萨蛮》。

罢官归隐,寄情山水
(1181—1202 年)

[PPT 画面词配画外音]

　　稼轩公为官二十年,政绩彰显,却遭人诋毁,谗言不断。1181 年底,42岁的辛弃疾只能在江西上饶的带湖逗留,只能与山水对话,以鸥鸟为友,开始了他的隐居生涯。

主持人:

　　他隐居十年后的 1191 年,又被授职赴任福建,仅仅三年之后,他又多次遭到弹劾,不得不重归田园。此时带湖家居遭遇大火,而不得不迁徙铅山县定居,这一住,又是八年,总共十八年赋闲,十八年被朝廷所弃。其间,他只能寄情田园,对话山水,写下了大量的田园山水词,这些词作有着浓郁的乡土气息,然而,爱国情怀依然隐约其中……

[现场齐诵]

浣溪沙·父老争言雨水匀

父老争言雨水匀,眉头不似去年颦。殷勤谢却甑(zèng)中尘。
啼鸟有时能劝客,小桃无赖已撩人。梨花也作白头新。

[PPT 画面词配画外音]

61岁的辛弃疾闲赋带湖期间,写下了这首词。它没有华丽辞藻,没有复杂的典故,却有乡土农民的情感,因为有了雨水,因为可以摆脱去年的灾荒,因为可能获得好一点的年成,稼轩公与乡民同乐、同饮,那欣喜之情,化为了雀跃生动的文字……

主讲人:

春雨绵绵,滋润心田,父老乡亲们争言:"好雨啊,好雨啊!"锁了一整年的愁眉,终于解开啦! 他们高兴地抹去了炊具上的积灰,期盼着出现丰年好个家!

小鸟有时欢快地叫喳喳,劝我们庆贺丰收,饮酒、喝茶。桃花盛开,美艳逗人。梨花绽放,梨树仿佛新添了一头白发。

现场先听后学吟唱:《浣溪沙·父老争言雨水匀》。

[PPT 画面词配画外音]

无独有偶,一篇《西江月·夜行黄沙道中》,写的是上饶黄沙岭夏日夜景。没有腥风毒雨的骚扰,那样地清净,仿佛是丰年即将到来的预兆。

[配乐声中现场跟读]

西江月·夜行黄沙道中

明月别枝惊鹊,清风半夜鸣蝉。稻花香里说丰年,听取蛙声一片。
七八个星天外,两三点雨山前。旧时茅店社林边,路转溪桥忽见。

　　一道亮丽的月光,惊走了枝头上的喜鹊,一缕清凉的夜风,吹醒了蝉鸣不绝。稻熟花香的季节里,人们争说丰收的兆头显露,一片青蛙的鸣叫,像是热情的祝福。

　　远天处,七八颗星星忽隐又露;近山前,三两点细雨若有却无。过小桥,蹚溪水,急匆匆避雨赶路。哎呀呀——那好眼熟的茅店旅社,倏然出现在小路的转弯处。

　　现场聆听吟唱《西江月·夜行黄沙道中》

［PPT 画面词配画外音］

　　唯有融入田野,亲近百姓,才能有如此淡泊的心境,只有看透过人世间污泥浊水,才能真正理解大自然的宁谧恬静,才能获得幽绝的美感!

　　然而,这不是一种完全脱离社会现实的超脱,稼轩公依然神游故国,胸怀壮志!

　　一篇篇怀古伤今的佳作,不流清泪,长喷热血,集中体现了稼轩公的豪放气魄!

［现场聆听吟唱］

南乡子·登京口北固亭有怀

何处望神州?满眼风光北固楼。千古兴亡多少事?悠悠。不尽长江滚滚流。年少万兜鍪,坐断东南战未休。天下英雄谁敌手?曹刘。生子当如孙仲谋。

［PPT 画面词配画外音］

　　1205 年稼轩公多次登临京口(镇江)北固亭,这是一个有许多历史英雄建功立业的地方,登上古迹,稼轩公感慨多端,自然想起了孙仲谋(权)、曹孟德(操)、刘玄德(备),想起了那个时代的英雄辈出……

主讲人:

　　登上北固亭极目远眺,满眼绿水青山无限风光,可中原故土今何在?这悠悠岁月里,有过多少朝代的成败兴亡?滚滚江水中有过多少英雄的风流倜傥?

　　年少的孙仲谋曾统帅千军,驰骋疆场,称霸东南一方。他的敌手,哪位英雄堪当?——唯有曹(操)、刘(备)能担当!难怪曹孟德都感叹:"生子就要生孙仲谋这般的英豪强将!

现场齐诵:《南乡子·登京口北固亭有怀》。

[PPT 画面词配画外音]

这不是纯粹的怀念英雄,而是借古讽今,谴责昏庸误国的小人,这更是壮士怀古的悲歌,他再度呼唤着红巾翠袖,何时能揾英雄的热泪!这滚烫的词句,炽烈的爱国热情,燃烧着每一位读者的心!

词坛将军,抱恨晚年
(1203—1207 年)

[PPT 画面词配画外音]

稼轩公,披盔甲,骑战马,挥长剑,驱虎豹的壮志,终老未偿。晚年的辛弃疾,垂垂老矣,此时,宋、金矛盾尖锐,烽烟将起。朝廷里韩侂胄[tuō zhòu]执政,出于功利,喊出了北伐口号。

主讲人:

1205 年 66 岁的辛弃疾,不甘于赋闲,支持北伐。但他识破了韩侂胄准备仓皇北伐的功利用心,感愤不已。这一天,他登上北固亭,远眺河山,吟出这一首佳作——《永遇乐·京口北固亭怀古》。

[聆听朗诵录音]
永遇乐·京口北固亭怀古

千古江山,英雄无觅,孙仲谋处。舞榭歌台,风流总被,雨打风吹去。斜阳草树,寻常巷陌,人道寄奴曾住。想当年,金戈铁马,气吞万里如虎。元嘉草草,封狼居胥,赢得仓皇北顾。四十三年,望中犹记,烽火扬州路。可堪回首,佛狸祠下,一片神鸦社鼓。凭谁问,廉颇老矣,尚能饭否?

[无音乐声]
主讲人:

中华河山,历经千古,孙仲谋那样的英杰,今在何处?当年的歌舞楼台犹在,而曾在历史舞台上叱咤风云的人物,却随风雨而埋入热土。

斜阳映照着普通的巷内草树,人说,此处两度北伐的南朝宋武帝刘裕(刘寄奴)曾经居住!想当年,他操金戈,跃铁骑,将中原失地收复,气吞万里如虎!

其子宋文帝刘义隆,元嘉年间,好大喜功穷兵黩武。欲学汉将霍去病,想要在狼居胥山祭天庆胜。结果,出兵草草,北伐仓促,反遭北魏击溃,惶恐南逃而北顾!

想到自己南归四十三年,如今犹记当年扬州一路,曾因金兵入侵,狼烟滚滚,换来一片焦土!

北魏皇帝拓跋焘南侵建立的佛狸祠,竟然香火旺盛,乌鸦啄食祭品,百姓擂响社鼓,麻木之状叫人哪里忍心回顾!

我辛弃疾,报国心志不渝,老而不暮! 可有谁还能来探问:"廉颇老将军,还能饱食一顿,饮酒一壶?"

可怜白发生

[PPT 画面词配画外音]
历史,用冷峻的目光,选中了一位万世景仰的词人。历史,记录了他,刀剑、血泪伴随的一生!

他,因时局动荡而千锤百炼,因失去刀剑而不能上阵血战;他,因滚过刀尖剑刃而英气凛然,因难酬壮志而把栏杆拍遍!

主讲人:
一句句遗憾的叹息,一声声悲壮的呼喊。笔走龙蛇,泪洒宣纸,谱就了一篇篇烈烈悲怆的豪壮诗篇!

为了永远铭记这位豪放词人辛弃疾,且以他年近知命之年的一篇佳作,作为我们的尾声——《破阵子·为陈同甫赋壮词以寄》。

[现场聆听朗诵]
破阵子(为陈同甫赋壮词以寄)
醉里挑灯看剑,梦回吹角连营。八百里分麾下炙,五十弦翻塞外声,沙场秋点兵。

马作的卢飞快,弓如霹雳弦惊。了却君王天下事,赢得生前身后名。可怜白发生!

[PPT 画面词配画外]
1188 年,陈同甫(陈亮)到江西上饶带湖,拜访罢官八年的辛弃疾。两位壮士,都因力主抗金而受排斥,陈同甫更因此入狱,在辛弃疾大力帮助下,才得以解脱。此时,知己会晤,倾吐衷肠,相见恨晚。

1189 年,年近五十的辛弃疾,虽身处困境,未忘忧国,为勉励好友,也为了激励自身,便写下这首"壮词"。

主讲人：

短短 62 字，绘就了四个画面，这几乎是辛弃疾力主抗金，壮心不已的人生的浓缩！

第一个画面：看剑——醉里挑灯看剑，梦回吹角连营。

辛弃疾，凝神端详闪着寒光的宝剑，他因报国难成、热血未冷而饮酒，他因悲壮孤愤而醉酒，那丝丝寒光让他想到了当年……一个又一个的营帐，连成一线，一阵又一阵的号角，响成一片。

第二个画面：点兵——八百里分麾下炙，五十弦翻塞外声，沙场秋点兵。

将士们分食着"八百里"烤牛肉，沙场里响起了五十弦塞外曲（众多乐器演奏曲），好一幅上阵杀敌之前的画面！慷慨激昂的战斗乐曲烘托着雄壮的点兵场面。上一幅画面的郁闷孤愤，顿然烟消云散。

第三个画面：杀敌。马作的卢飞快，弓如霹雳弦惊。了却君王天下事，赢得生前身后名。

将士们骑着"的卢"骏马，拉强弓、射利箭，弦惊霹雳，奋勇厮杀！这豪壮奋发的战斗回忆，分明是辛公压抑已久的激情爆发！如此刚勇奋战，为的是了却君王收复中原的天大事，为的是赢得个人忠心报国的英烈之名啊！

第四个画面：感叹。可怜白发生！

读者仿佛可见一位年富力强的战将，被压抑在村居乡野，又仿佛可见一位老将军，双鬓染雪，一脸惆怅。颤抖的手，握着利剑，眼中透出的是极度悲凉而愤懑的目光，一位爱国将领、文坛英雄，仰天长叹："可怜白发生"，这可是撕心裂肺的悲壮！

[PPT 画面词配画外音]

这是一首悲词，更是一首壮词！四个画面，四种感情，递进曲折：

从"看剑"的悲壮孤愤——到"点兵"的雄壮慷慨——进而"杀敌"的豪壮奋发——转而"感叹"的悲凉愤懑，哪一种感情，离得开辛弃疾的壮志？读辛弃疾的词，就是要读出他终生不渝的爱国壮志！

让我们全场齐诵《破阵子》，高歌爱国诗。缅怀风流人物，礼赞千古英魂！

[现场朗诵互动]

（领）醉里挑灯看剑，（合）醉里挑灯看剑。

（领）梦回吹角连营。（合）梦回吹角连营。

（男合）八百里分麾下炙，五十弦翻塞外声，

（女合）八百里分麾下炙，五十弦翻塞外声，

（领）沙场秋点兵。全场（合）沙场秋点兵。

（男合）马作的卢飞快，弓如霹雳弦惊。

（女合）马作的卢飞快，弓如霹雳弦惊。

（领）了却君王天下事，赢得生前身后名。可怜白发生！

（女合）可怜白发生！（男合）可怜白发生！

（领）可怜白发生！

小结

1. 系列讲座的缘起

我退休前，曾开设过古诗词吟诵的拓展课，八年的实践给了我这样的思考：我的拓展课的特点是什么？究竟以怎样的系列进行教学？

我从一开始就认定我和历来的诗词教学不同。我要带领学生开口诵读、吟咏，"有声"是我的特色，"有情"是我的追求。因此，我引领学生引吭高歌的时间，几乎占用一半的教学时间。于是，困惑也随之而来——时间不够！

我刚开始的教学系列是按"时间为序，从古到今"的序列进行。从《诗经》开始教学。结果，第一轮拓展课（每周两节），上了两个学期，还只能匆匆地教到宋代诗词！结束时，面对学生的催问："老师，明、清诗歌什么时候教呢？"我哑然失声。

从实际情况来看，这样的容量、进度，在拓展课上，根本无法完成。这就逼使我改变教学内容和系列。此后，我曾探索打破时间序列，采用吟诵知识的系列，也采用过主题式系列。

种种实践之后，我又产生了新的困惑：中学拓展课究竟以吟诵知识的传授为主要目的，还是以诗词的浸润、品赏为主要目的？

我逐渐倾向后者。传授吟诵知识，不是主要的教学目的。开口诵读、吟咏，也只是一种手段，最终目的还是"品赏诗词，浸润其中"，让学生动情、动心于经典诗词的精彩内容之中。

我因此而思考：为什么不能探索一下，"知人品诗"的途径呢？

此前采用过的教学系列，都无法回避一个不足，即浮光掠影地接触了众多诗词（这是教材已有之路，教师熟稔之途），但对于诗人，还是碎片式的了解，这种"由诗知人"的了解，颇多局限。

能不能让学生沿着诗人的人生足迹，有选择地诵读、吟唱其代表作，从而学习他们的高尚品格、人文精神呢？在有限的时间里，着重了解几位著名的诗人，让我的拓展课的"知人品诗"系列，成为基础课的"因诗知人"系列的补充，从而强化"知人"的效果！

上海市作协副主席赵丽宏老师赠我的墨宝——"吟诵古诗词，承传民族魂"，更坚定了我的认识：学习诗人的品格、精神，不就是"知人"吗？唯"知人"，才得以"承传民族魂"啊！

于是，我的教学新思路就得以形成：以诗人的生平为经线，以各阶段的代表作品为纬线，纵向深入、横向展开。

然而，随着我退休离校，我的探索实践，大都只能采用"讲座"的形式。

唐诗宋词，是中国古诗词最精华的部分，因此，我便启动了《唐诗宋词朗诵、吟唱品赏系列讲座》的教学，在上海老年大学徐汇分校进行了一轮教学（每周两节，一个学期为一轮），但只完成了李白、杜甫和苏轼三位诗人的专题教学，效果是明显的。遗憾的是这样的实践，时至目前还只是唯一的。

2. 起点选择和讲座结构

系列讲座，我最先下笔的是杜甫，因为他是我最喜爱的唐代诗人。

首先，该怎样确立"杜甫"这一讲的主题呢？

在阅读大量有关杜甫生平的资料后，我的头脑里渐渐地浮现了这样一个杜甫形象：既平凡，又高尚；生前是一名"布衣"（曾任芝麻小官），死后却成了"诗圣"。于是，我的主题便确立为"平凡诗圣，高尚布衣"！

按此思路，我给其他诗人的专题讲座，先后确立了各自的标题，从中透露其主题：

《醉醒诗仙，浪漫李白》《磊落东坡，奇才英魂》《巾帼须眉，博雅刚奇》《金戈铁马，豪放人生》。

其次，该怎样安排讲座的首尾结构呢？

杜甫专题讲座，我是从真实的自我感悟出发，设计一个特殊的首尾结构：用自己撰写的散文《我为杜甫画像》开头，用黄灿然诗歌《杜甫》做结尾，首尾呼应。并以"画像"为线索，贯穿始终。

李白专题讲座，则以水风散文《李白醉了》开头，以我的散文《诗酒李白》为结尾遥相呼应。

苏轼专题讲座，又改以特别的首尾呼应。序言部分由"生卒""奇才""评价""微型短序"几个片段组成，最后以"结束语"的概括、评价相呼应。

李清照专题讲座，则以短序《不让须眉巾帼女》开篇，用我的散文《云赋易安》为尾章相呼应。

辛弃疾专题讲座，先以百字短文开篇，最后以全场互动诵读辛弃疾的《破阵子》为结尾，尽管《破阵子》并非辛弃疾的最后一篇经典之作！

3. 系列讲座操作的变化

我的系列讲座，起步于"杜甫专题"。根据教学实际，此时的讲座，几乎不可能采用"大兵团作战"的方式了。

最早于 2007 年开始的《"人啊人"朗诵报告会》和《"高歌轻吟华夏诗韵"朗诵报告会》，是由我担任主讲人，携手"海鸥朗诵社"的十几位学生或 2008

年携手十几位工作室学员,共同完成的。此后的2009年,我邀请了文艺界部分著名演员、主持人、播音员和上海图书馆朗诵团的30多位成员,协同徐汇区各中学一二百位学生,在上海图书馆进行了一场大型的展示!

但是随着我的退休,工作室的结束,应试教育压力的倍增,"大兵团作战"的困难越来越大!我的讲座不得不以"单兵作战"为主。我的讲座形式和内容,也只能根据实际,作因时、因地、因人制宜的调整变化。

首先,主讲者的多元化。

为避免常规讲座一讲到底的枯燥、单调,我将部分"自我感受"和"解读指要",甚至部分主讲词,预先制作成配乐录音,与现场的讲解交替进行。既减轻我讲解的疲劳,又可提高观众的专注度和听讲的兴趣,增强了讲座效果。后来,又请部分"海燕吟诵社"学员,甚至上图朗诵团成员,预制部分主讲词的录音,让主讲人的声音呈多元化色彩。

其次,诵、吟的多元化。

现场的诵、吟,以我为主,以诵读、吟唱为主,但又补充更多他人的诵读、吟唱以及歌唱、戏曲演唱录音,让经典诗词之声丰富多彩,大大提高了现场的感染效果。他人之声,有的是国学大师、著名学者,如赵朴初、文怀沙、霍松林等。有的则是著名艺术家,如京剧名家关栋天,著名影视演员刘佩琦,著名影视演员娄际成等。

再次,台上、台下的诵、吟互动。

我要改变的是观众(学生或其他观众)的被动听讲局面,于是,便坚持了行之有效的现场互动,让听讲者成为讲座的参与者、合作者。

《唐诗宋词朗诵吟唱品赏系列讲座》是我的一份未完成的"作业",奉献于此,有待他人继续承传,或丰富补充更多的唐宋名家的专题,或不断调整、替换部分内容。但愿这将是一份有志者共同完善的讲座稿!

品赏 我自豪，我是中国人
——经典诗文诵、吟、唱

新诗谐韵

[朗诵、视频播放]

　　我常常沉醉，沉醉在这浩瀚无垠的星空下。那点点闪烁的光芒，是一个个方块字构成的博大、精深。

　　我时时徜徉，徜徉于精美绝伦的历史长廊，那镌刻于甲骨文青铜器上的文字，孕育、繁衍了中国几千年灿烂的文明。

　　好一个单音节的方块字，那抑、扬、顿、挫、平、上、去、入，分明是一叶叶情感的小舟，承载着中国人特有的豁达与深沉，承载着中国人特有的豁达与深沉。

　　那一首首方块字写成的诗歌，平平仄仄仄仄平平，绕梁三日掷地有声。浓缩着化不开的爱和恨，

　　那一篇篇方块字连缀成的文章，起承转合抒情议论，指点江山倾吐心声，积淀成华夏民族的文化长城。

　　翻开我们的母语教材，品味我们的经典诗文，你将随着唐贤今人的足迹，尽览山河之美，深味心灵之仁，承接中华之魂。

　　　　　　　　　　　　（节选、改编自任卫新的《我自豪，我是中国人》）

主持人：

台湾的当代诗人余光中先生的一首《乡愁》，浓缩了多少同胞的亲情、乡情，一枚邮票、一张船票、一座坟墓、一湾海峡，凝聚了太浓太浓的爱意，承载了太重太沉的乡愁。

（音乐声中现场朗诵）

小时候
乡愁是一枚小小的邮票
我在这头
母亲在那头

长大后
乡愁是一张窄窄的船票
我在这里
新娘在那头

后来啊
乡愁是一方矮矮的坟墓
我在外头，
母亲在里头

现在啊
乡愁是一湾浅浅的海峡
我在这头
大陆在那头

主持人：

1925 年 3 月的一天，诗人闻一多，满怀强烈的爱国激情，含泪下笔而成《七子之歌》。他是为当时被列强掳去的香港、澳门、台湾等七块土地上的同胞而歌，为他们哭诉受尽欺凌、渴望回归祖国母亲怀抱的心声而歌！

（音乐声中现场互动朗诵）

七子之歌（之一）

闻一多

（领诵）你可知，"妈港"不是我的真名姓？

我离开你的襁褓太久了，母亲！

但是他们掳走的是我的肉体，

你依然保管着我内心的灵魂。

（观众）你依然保管着我内心的灵魂。

（领诵）那三百年来梦寐不忘的生母啊

请叫儿的乳名，叫我一声"澳门"！

母亲！我要回来，母亲，母亲！我要回来！

（观众）母亲，我要回来！

主持人：

这是一首愁诗，也是一段历史，更是一位历史老人痛断寸肠的反省！它发自同盟会老人、国民党元老于右任先生的肺腑之声！

1959年的一天，被迫移居台湾的于老先生，望着海峡对岸的大陆，思念着故友、亲人，写下了《南山》这首诗。

1964年，他临终前两年的一天，哭诉着"葬我于高山之上兮，望我大陆。大陆不可见兮，只有痛哭……"他，老泪纵横，痛不欲生！

六十多年个春秋过去了，海峡两岸至今萦回着于老先生的肺腑之声！

（音乐声中，现场互动朗诵）

（领诵）南山云接北山云，变化无端昔自今。（观众）昔自今。

（领诵）为待雨来频怅望，欲寻诗去一沉吟。（观众）一沉吟。

（领诵）百年岁月羞看剑，一代风雷荡此心。

莫把彩毫空掷去，飞花和泪满衣襟。

（观众）莫把彩毫空掷去，飞花和泪满衣襟。

古诗雅韵

[朗诵视频播放]

　　乘着韵律起伏的河流，那上游漂来了线装本的《诗经》《楚辞》《唐诗》《宋词》和《元曲》，还有一本本精装的现代文集和一篇篇醉人心脾的现代诗歌。

　　驾着诗文铺就的白云，那远处走来了峨冠长袖或青衣紫袍的屈原、李白、苏轼、李清照和关汉卿，还有鲁迅、朱自清、戴望舒、徐志摩和巴金。

　　耳畔依然可闻古人《茅屋为秋风所破歌》的忧国忧民，依然可闻今人《义勇军进行曲》的脚步阵阵。眼前依然可见壮士《赤壁怀古》的豪放雄浑，依然可见战士黄河瀑流般的大无畏精神。古人吟咏着"留取丹心照汗青"的誓言，今人呼唤着"春意盎然、人性复归"的觉醒！

（节选、改编自任卫新的《我自豪，我是中国人》）

主持人：

　　这首耳熟能详的短诗，激发的就是惋叹生命遭受摧残的真情！它惊春、喜春，却又叹春、惜春，它呼唤着春意盎然，呼唤着人性复归的觉醒。

一、春晓（粤语）

作者：孟浩然

领诵：彭世强

合诵：现场观众

[现场互动朗诵]

（领诵）春眠不觉晓，处处闻啼鸟。

夜来风雨声，花落知多少。

（观众）夜来风雨声，花落知多少

主持人：

　　孟浩然为花而哀伤，杜牧则为人而哀伤。杜牧，在哀伤的时节，留下了一篇妇孺皆知的哀伤诗。

　　春雨丝丝，心雨哀哀，诗人为解愁而寻酒家。可当牧童遥指酒旗，他却又疑惑：酒能消愁吗？……

二、清明(国语、沪语)

　　　　　作者：杜　牧
　　　　　朗诵：彭世强
　　　　吟唱：彭世强、刘　丽

[现场互动朗诵(普通话)]

　　　　(领诵)清明时节雨纷纷,(观众)雨纷纷,
　　　　(领诵)路上行人欲断魂。(观众)欲断魂。
　　　　(领诵)借问酒家何处有?(观众)何处有?
　　　　(领诵)牧童遥指杏花村。(观众)杏花村。

主持人：

　　它是一首诗,也是永远的古迹!
　　诗人张继蘸着浓浓的思亲、思乡之愁,写下了世人传诵的名篇《枫桥夜泊》!
　　秋寒的霜天,迷蒙的残月,凄惘的乌啼,带来了迷茫、寂寥和落寞。江畔的枫树,江面的渔舟,江上的枫桥,平添了几分幽僻、伤感和寒索。沉郁的钟声啊,将夜空划破,此景、此色、此声,怎不叫游子愁绪绵绵、失魂落魄!

三、枫桥夜泊(普通话、沪语)

　　　　　作　者：张　继
　　　　朗诵、吟唱：彭世强
　　　曲：彭世强改编自潘光博吟唱调

[现场互动朗诵]

　　　　(领诵)月落乌啼霜满天,江枫渔火对愁眠。
　　　　姑苏城外寒山寺,夜半钟声到客船。
　　　　月落乌啼霜满天,(观众)江枫渔火对愁眠。
　　　　姑苏城外寒山寺,(观众)夜半钟声到客船。

主持人：

　　书生也刚强,苏轼、辛弃疾之辈,就是这样的文坛精英! 他们阅读历史,读出了修身、齐家、治国平天下的社会责任;他们对话古人,感染了圣人先贤忧国忧民的滚烫真情!
　　陷入人生低谷的苏东坡,一曲《念奴娇·赤壁怀古》,奉献的是"一时多

191

少豪杰"的感叹；大起大落的辛弃疾，一篇《破阵子》，流的是壮怀激烈的英雄热泪，盼的是何时出鞘龙泉宝剑！

四、念奴娇·赤壁怀古
破阵子
作者：苏轼、辛弃疾
朗诵、吟唱：彭世强
曲：彭世强吟唱调

念奴娇·赤壁怀古
苏　轼

大江东去，浪淘尽，千古风流人物。故垒西边，人道是，三国周郎赤壁。乱石穿空，惊涛拍岸，卷起千堆雪。江山如画，一时多少豪杰。

遥想公瑾当年，小乔初嫁了，雄姿英发。羽扇纶巾，谈笑间，樯橹灰飞烟灭。故国神游，多情应笑我，早生华发。人生如梦，一樽还酹江月。

破　阵　子
辛弃疾

醉里挑灯看剑，梦回吹角连营。八百里分麾下炙，五十弦翻塞外声，沙场秋点兵。

马作的卢飞快，弓如霹雳弦惊。了却君王天下事，赢得生前身后名，可怜白发生。

主持人：

陈子昂登上了幽州台，面对着天低云暗的四方，他看不到古有的明君贤圣，盼不到后来的英雄豪放！一腔正气受到无情的挫伤！他放眼河山，何等茫然，何等悲壮。他，仰天长啸，喷发了"独怆然而涕下"的悲怆！

这首小诗，反映了一位先驱者的苦闷和渴望……但它也是万马齐暗岁月里的一声呐喊，更是流星爆发的一道闪光！

五、登幽州台歌
作者：陈子昂
朗诵、吟唱：彭世强
曲：王伟勇（中国台湾）吟诵调

现场互动朗诵：

（领诵）前不见古人，后不见来者。念天地之悠悠，独怆然而涕下。

（观众）念天地之悠悠，独怆然而涕下。

主持人（录音播放）：

晚年的杜甫，经历了多年的颠沛流离，妻离子散，终于在成都浣花溪边，有了自己的茅屋，有了短暂的合家团圆。却不料秋风秋雨无情袭来，顽皮群童人祸又添！然而，杜甫自有杜甫的期盼：那就是得到"广厦千万间"，庇护"天下寒士俱欢颜"，即便自己受冻而死，也心甘情愿！

这样的心愿，正是中华英魂的核心精神的体现！——让我们为此鼓掌，为杜甫的高尚却平凡，为他的厚道且仁善！

六、茅屋为秋风所破歌
作者：杜　甫
吟唱：彭世强
曲：彭世强吟唱调

八月秋高风怒号，卷我屋上三重茅。茅飞渡江洒江郊，高者挂罥长林梢，下者飘转沉塘坳。南村群童欺我老无力，忍能对面为盗贼！公然抱茅入竹去，唇焦口燥呼不得，归来倚杖自叹息。

俄顷风定云墨色，秋天漠漠向昏黑。布衾多年冷似铁，娇儿恶卧踏里裂。床头屋漏无干处，雨脚如麻未断绝。自经丧乱少睡眠，长夜沾湿何由彻！

安得广厦千万间，大庇天下寒士俱欢颜，风雨不动安如山！

呜呼！何时眼前突兀见此屋，吾庐独破受冻死亦足！

主持人：

"自称臣是酒中仙"的大诗人李白，举杯向明月，融情于美酒，一旦酒醉，便高歌抒豪情！李白醉了，醉出了经典名句："钟鼓馔玉何足贵，但愿长醉不复醒"；李白醉了，醉出了他的狂放不拘、乐观自信："天生我材必有用""惟有饮者留其名！"

品赏他的《将进酒》，就是在品味他的人生追求！

视频播放：

七、将进酒

作　者：李　白

京剧演唱：关栋天

君不见黄河之水天上来，奔流到海不复回。
君不见高堂明镜悲白发，朝如青丝暮成雪。
人生得意须尽欢，莫使金樽空对月。
天生我材必有用，千金散尽还复来。
烹羊宰牛且为乐，会须一饮三百杯。
岑夫子，丹丘生，将进酒，君莫停。
与君歌一曲，请君为我侧耳听。
钟鼓馔玉不足贵，但愿长醉不复醒。
古来圣贤皆寂寞，惟有饮者留其名。
陈王昔时宴平乐，斗酒十千恣欢谑。
主人何为言少钱，径须沽取对君酌。
五花马，千金裘，呼儿将出换美酒，与尔同销万古愁。

主持人：

　　唐代的李白豪放，元代的关汉卿也一样！关汉卿既有《四块玉·闲适》里的闲适和清净；也有《南吕·一枝花》里的桀骜和豪放。

　　其实，无论何种表现，都不能掩饰其一身正气、铮铮铁骨的本质！

八、四块玉·闲适

作　者：关汉卿

朗诵（粤语）：彭世强

［现场互动朗诵］

　　旧酒投，新醅泼，老瓦盆边笑呵呵。共山僧野叟闲吟和。他出一对鸡，我出一个鹅，闲快活。

九、《南吕·一枝花》

作　者：关汉卿

吟　唱：彭世强

曲：彭世强吟唱调

我是个蒸不烂、煮不熟、捶不匾、捶不爆、响珰珰一粒铜豌豆;恁[rèn]子弟每谁教你钻入他锄不断、斫不下、解不开、顿不脱、慢腾腾千层锦套头。

我玩的是梁园月,饮的是东京酒,赏的是洛阳花,攀的是章台柳。我也会围棋、会蹴鞠[cùjū]、会打围、会插科、会歌舞、会吹弹、会咽作、会吟诗、会双陆。

你便是落了我牙,甭了我嘴,瘸了我腿,折了我手,天赐与我这几般儿歹症候,尚兀自不肯休!

则除是阎王亲自唤、神鬼自来断断,三魂归地府,七魄丧冥幽,天哪,那其间才不向烟花路儿上走!

我是中国人

[朗诵者视频播放]
    面对这沉甸甸的文化卷宗
    我分明感受到了五千年的渊远厚重
    面对这沉甸甸的精神遗产
    我确实感受到了义不容辞的责任

    勤奋攻读不应该仅仅是为了考分
    诵读吟咏更应该为了长大成人
    翻开经典是和古今的圣贤的对话
    品读诗文是和自我的灵魂较真

    直到那一天
    中国的方块字昂然跨出国门
    写进了联合国神圣的公约
    通过电波,全世界第一次听到了
    中华民族铿锵有力的声音
    那时我多想乘着腾空而起的火箭
    大声吟诵着——
    把中国的方块字
    骄傲地写进那群星璀璨的太空——

           (节选并改编自任卫新的《我自豪,我是中国人》)

我自豪　我是中国人

[现场互动朗诵]

　　不会忘啊，我是中国人
　　祖先教我的方块字
　　横平竖直
　　——堂堂正正做人
　　我们会一生不改。

　　不会忘啊，我是中国人
　　祖国教给我的母语
　　字正腔圆
　　——我是中国人，
　　我们将一世铭记！

　　我们是中国人
　　我的骨子里
　　浸润着"春来江水绿如蓝，能不忆江南"的深深爱恋
　　在我们的胸腔里
　　喷发着"待从头收拾旧山河，朝天阙"的豪迈激情

　　同祖同宗，血脉相通，
　　安国兴邦，众志成城。

　　我们要清清楚楚地告诉全世界——
　　我自豪，我是中国人！
　　我们要大声地告诉世界——
　　我自豪，我是中国人！

（节选并改编自任卫新的《我自豪，我是中国人》）

　　注：2016 年 10 月，本讲座首次开讲于澳门濠江中学和东南中学。

中华文化，我为你骄傲
——经典诗文诵、吟、唱品赏

主持人：

中华文化，源远流长，我们炎黄儿女，就是沐浴在博大精深的中华文化的过程中，代代相传，繁衍发展。

这些年来，不断传出这样的声音：要坚定民族自信！

我暗暗思忖：这是为什么？

习近平主席的声音在耳畔响起："文化自信是一个国家、一个民族发展中更基本、更深沉、更持久的力量！"

文化自信，就应该是一种历史的自信！

放眼全球，我们古老的中华，不仅仅是四大文明古国之一，而且是唯一存活至今的五千年文明古国！因为我们的民族血脉从未中断，因为我们的民族语言从未中断，我们的民风、民俗从未中断，我们的文化，从来没有中断！即便在1840年以后，我们受尽了凌辱的一百多年里，我们的民族文化依然承传；即便在史上罕见的"大革文化命"的人妖颠倒的岁月里，中华文化精神既未割断，更何谈砸烂？

当然，今日的文化自信，也面临着部分国人的不自信。作为一名教师，一个文化人，我深感一份责任——要以自己的文化自信，来点燃他人的自信；要以自己对传统文化、民族文化的真实热情，感染身边的国人，从而扩展我们大家共同的文化自豪感！

亲爱的朋友们，把文化自信根植到我们的心中去吧！

我沉醉于真情诗韵

[朗诵视频播放]

　　我沉醉,沉醉在这浩瀚无垠的星空下,……尽揽山河之美,承传中华之魂。(详见于上一讲)

(节选、改编自任卫新的《我的祖国,我的母语》)

[现场朗诵]

我的中国

李 瑛

　　我们古老民族的儿女和后裔,
　　散布在千帆之外,
　　在世界各地如满天星斗。
　　他们不是流浪境外的云,
　　也不是那没有家的风,
　　无论走到哪里,
　　都会用一双眼睛望着东方,
　　并且都能够听得到东方大陆上
　　那棵大树的声音。

　　他们虽住在异域高楼大厦的城市,
　　心里总系念着黄河边,
　　乱山漩涡的小村
　　和他那永远长不大的
　　沾有乳香的乳名。

　　当一天工作结束,
　　回到家里,坐在阳台上,
　　总在怀念,
　　听惯羌笛的长城和有羊皮筏子的黄河,
　　总会想念,
　　生长甜甜的甘蔗和苦苦菜的故乡,
　　遥远但却满怀亲情的憨厚的祖国。

时间是一堵厚厚的墙，
谁都不能够再回去，
可是在他们的舌尖上或者舌根上，
雀巢咖啡、可口可乐，
总不如龙井和茉莉茶的韵味；
西式的甜饼，
总不如家乡的水饺。

春节时，他们怀念，
冰雪映照下，
通红的春联，
像全家人团聚的笑脸；
元宵节时，
谁都记得
奶奶为糯米元宵，点红的情景。

这个时候会有多少失眠的琴，
失眠的灯，
失眠的笔，
失眠的枕头。

像树叶怀念着树根，
石头怀念着大山，
在他们的语言深处，
总有那挣脱不掉的
深埋在那热土中，流动在舌尖上
千年不改的乡音。

夜半梦回，想起故乡，
常会想起苦味来，
想出泪，想出血，想出胆汁来。

既然他们的血液里有着黄河长江的基因，
那么，他们就知道，
自己的脊梁应该像泰山、黄河，
永远保持着尊严和美好信念。

他们都知道我们的祖先曾经有过何等的辉煌，
他们更没有忘记在1840年以后，
我们民族曾多少年地受凌辱。
如今，他们一呼百应，异口同声，
最想参与的合唱，
依旧是"歌唱我们伟大的祖国，
重新走向繁荣富强。"

在远山那边，
大洋那边，
有他们的安息之地，
有石碑和花朵；
在迢迢异乡，
他们并没有熄灭自己，
始终受到那里人们的尊敬和感谢。
这种真实的存在，
深刻地影响了全世界的精神领域，
使人类的文明更璀璨、更成熟、更美丽。
祖国啊，这是你的骄傲。

主持人：

　　台湾的当代诗人余光中先生的一首《乡愁》，浓缩了多少同胞的亲情、乡情，一枚邮票，一张船票，一座坟墓，一湾海峡，一条长长的桥梁，凝聚了太浓太厚的爱意，承载了太重太沉的乡愁！

[现场朗诵]

乡　愁

余光中

（原诗略，详见于上一讲）

主持人：

　　余光中《乡愁》中的思乡之情，源自中华古典诗文。诗仙李白的一曲《静夜思》，影响了一代又一代的国人。那通俗易懂的二十字，点燃了多少国人对故乡故国的深情。这质朴无华的二十字，也走出了国界，突破了时空，引发了异国他乡多少人的共鸣！

[现场朗诵、吟唱、戏唱（关栋天清唱京剧调录音）]

静 夜 思
李 白

床前明月光，疑是地上霜。举头望明月，低头思故乡。

主持人：

　　游子漂沦回乡，夜泊枫桥江畔，寒月下，乌鸦啼，冷霜满天。渔火映它枫树，愁绪扰我睡眠，姑苏城外寒山寺，忧伤钟声飘客船。

[现场朗诵、吟唱]

枫桥夜泊
张 继

月落乌啼霜满天，江枫渔火对愁眠。姑苏城外寒山寺，夜半钟声到客船。

主持人：

　　乡情、友情，古往今来，千古流传。诗佛王维的一首《渭城曲》，那深情的文字，随着悦耳的曲调，流入多少友人的心中，那雨丝淅淅，那柳色青青，那酒意浓浓，一句劝慰，一句辞别，不禁令人潸然而泪下……

　　电视剧《白鹿原》中，那位西北汉子，刚烈文人朱先生，闻听挚友方生仙逝的噩耗，面对辽阔的黄土高原，长歌当哭，吟唱这首《渭城曲》。

[现场朗诵并播放刘佩琦吟唱录音、曹轩宾歌唱录音]

渭城曲（又名《送元二使安西》）
王 维

渭城朝雨浥轻尘，客舍青青柳色新。劝君更尽一杯酒，西出阳关无故人。

主持人：

　　行人步履靡靡，清明细雨纷纷，思念已故亲人，心已碎，步更沉，愁肠寸断歌吟，情通中外古今！

[现场朗诵、吟唱]

清 明

杜 牧

清明时节雨纷纷,路上行人欲断魂。借问酒家何处有?牧童遥指杏花村。

主持人:

　　春日,春晨,花香鸟语,惊醒了春眠。一觉醒来的孟浩然,忽然为春花一夜风雨来袭的遭遇,忧心连连。他从喜春、惊春,转为叹春、惜春,这是十分可贵的情感体验!

[现场粤语朗诵、国语吟唱]

春 晓

孟浩然

春眠不觉晓,处处闻啼鸟。夜来风雨声,花落知多少。

主持词:

　　人到中年的苏轼,在杭城为官一任,造福于民。他深深地爱上了杭城的山,西湖的水,他用两首小诗,概述了西湖之艳,描绘了西子之美,细细品味,他何止勾勒了西湖的美妙景色,还隐隐地暗示了为人之理……

[现场朗诵、吟唱]

饮湖上初晴后雨

苏 轼

水光潋滟晴方好,山色空蒙雨亦奇。欲把西湖比西子,淡妆浓抹总相宜。

我赞颂文化精神

[朗诵视频播放]

　　乘着韵律起伏的河流,那上游漂来了线装本的《诗经》《楚辞》《唐诗》《宋词》和《元曲》，还有一本本精装的现代文集和一篇篇醉人心脾的现代诗歌。

驾着诗文铺就的白云，那远处走来了峨冠长袖或青衣紫袍的屈原、李白、苏轼、李清照和关汉卿，还有鲁迅、朱自清、戴望舒、徐志摩和巴金。

耳畔依然可闻古人《茅屋为秋风所破歌》的忧国忧民，依然可闻今人《义勇军进行曲》的脚步阵阵。眼前依然可见壮士《赤壁怀古》的豪放雄浑，依然可见战士黄河瀑流般的大无畏精神。古人吟咏着"留取丹心照汗青"的誓言，今人呼唤着"春意盎然、人性复归"的觉醒！乘着韵律起伏的河流，……今人呼唤着春意盎然，人性复归的觉醒。

（节选并改编自任卫新的《我自豪，我是中国人》）

主持人：

身居陋室，心忧天下，自古以来就是文人志士，推崇的高风亮节。刘禹锡凭借这篇之 81 字的《陋室铭》，给我们清晰地袒露了他达观而又充满哲理的人生态度，传承了孟子的"穷则独善其身"的清贫精神。这种精神，在物质文明高度发展的今天，尤为需要。因为有了这种精神，一片青苔，一抹草色，一缕清风，一阵蛙鸣，这干干净净的景观，不仅显示出了几分清新，更显出了一种境界。人们完全可以坦然一问：一个脱离了低级趣味的人，何陋之有？

（播放台湾 王更生教授吟唱录音、彭世强朗诵、吟唱视频）

陋 室 铭
刘禹锡

山不在高，有仙则名。水不在深，有龙则灵。斯是陋室，惟吾德馨。苔痕上阶绿，草色入帘青。谈笑有鸿儒，往来无白丁。可以调素琴，阅金经。无丝竹之乱耳，无案牍之劳形。南阳诸葛庐，西蜀子云亭。孔子云：何陋之有？

主持人：

一度任职临安（杭州）的辛弃疾，元宵佳节的繁华街景，他绝不陶醉。东风将千树万树的鲜花吹开，又把那点点繁星吹落，如细雨霏霏。那元宵灯会，烟火闪烁，美艳荟萃。宝马雕车熙熙攘攘，香气满街汇；箫声乐音袅袅娜娜，妙曲令人醉。玉壶般的皓月，鱼龙形的彩灯，流光满眼飞！

服饰华丽的美女，笑语盈盈，暗香献媚。然而，作者超越了这一番迷人的光艳，不经意地回首一瞥——那追慕已久的佳人，就在街角亭亭而立，幽然身退。她，质朴无华，自甘寂寞；她不求流俗，无怨无悔。

这里有着对真爱的追求,也有对苟安投降者的鄙夷和暗讽,更有着壮志难酬的忧伤和感喟!

吟唱:

青 玉 案
辛弃疾

东风夜放花千树。更吹落、星如雨。宝马雕车香满路。凤箫声动,玉壶光转,一夜鱼龙舞。

蛾儿雪柳黄金缕。笑语盈盈暗香去。众里寻他千百度。蓦然回首,那人却在,灯火阑珊处。

主持人:

安史之乱给杜甫,给整个国家,带来了巨大的灾难!杜甫安顿了妻儿,想投奔唐肃宗李亨的军队,为平定叛乱效力!却不料,半途被叛军所俘,押回长安,成了阶下之囚。面对古城,他悲叹"国破山河在";面对明月,他思念在鄜州的家人。

这是一首国难时期真挚的爱情诗!

[播放霍松林吟唱录音]

月 夜
杜 甫

今夜鄜州月,闺中只独看。
遥怜小儿女,未解忆长安。
香雾云鬟湿,清辉玉臂寒。
何时倚虚幌,双照泪痕干。
何时才能夫妻团聚,倚靠着薄薄的床帏,让月光映照着我俩泪痕枯干的双眼?

主持人:

这是苏轼的首篇悼亡词作,此时,仕途不顺的苏轼正在山东密州任职,又恰逢前妻王弗去世十周年,苏轼格外思念贤妻,便借诗倾吐心迹。

上片实写思念遥隔千里的妻子的孤坟,想象着夫妇俩阴阳两隔,"纵使相逢应不识"的凄凉心情。

下片虚写幻觉中重见前妻,夫妇俩"相顾无言"的哀伤。

阅读这首真真切切,凄凄凉凉的爱情诗词,怎不叫人黯然神伤?

[现场朗诵、吟唱]

江 城 子
苏 轼

十年生死两茫茫,不思量,自难忘。千里孤坟,无处话凄凉。纵使相逢应不识,尘满面,鬓如霜。

夜来幽梦忽还乡,小轩窗,正梳妆。相顾无言,惟有泪千行。料得年年肠断处,明月夜,短松冈。

主持人:

李清照和赵明诚这对文学伉俪,婚后别离,又逢重阳佳节,李清照写下《醉花阴》一词,函寄赵明诚。赵明诚品赏妻子的佳作,自叹不如,却又心有不甘。于是,闭门谢客,废寝忘食,三天三夜,写下五十篇词作。这天,赵明诚将这五十篇和妻子的《醉花阴》混杂一起,请好友陆德夫鉴赏比较。陆德夫再三玩味以后断言:"只有三句绝佳妙句。"赵明诚急忙追问:"哪三句?"陆德夫的回答是:"莫道不消魂,帘卷西风,人比黄花瘦。"

妙哉,这三句,正出自李清照的《醉花阴》! 这首爱情词作,同样令人销魂,令人伤愁。可见,唯有真爱,才有浓愁!

[现场朗诵、吟唱]

醉 花 阴
李清照

薄雾浓云愁永昼,瑞脑消金兽。佳节又重阳,玉枕纱厨,半夜凉初透。东篱把酒黄昏后,有暗香盈袖。莫道不销魂,帘卷西风,人比黄花瘦。

我感悟,文化责任

[视频播放]

面对这沉甸甸的文化卷宗,……骄傲地写进群星璀璨的太空!

(详见于上一讲)

(节选并改编自任卫新的《我自豪,我是中国人》)

主持词：

面对着黍（古代一种粮食作物）离，面对着沧桑巨变，一位孤独者表达了物是人非的哀叹，也表达了知音难觅的遗憾！

这沉痛的忧思，犹如屈原般的天问，也如陈子昂"独怆然而涕下"的仰天长问！

（第一段播放文怀沙吟唱录音，第二、三段彭世强现场吟唱）：

诗经·黍离

彼黍离离，彼稷之苗。行迈靡靡，中心摇摇。知我者，谓我心忧；不知我者，谓我何求。悠悠苍天，此何人哉？

彼黍离离，彼稷之穗。行迈靡靡，中心如醉。知我者，谓我心忧；不知我者，谓我何求。悠悠苍天，此何人哉？

彼黍离离，彼稷之实。行迈靡靡，中心如噎。知我者，谓我心忧；不知我者，谓我何求。悠悠苍天，此何人哉？

主持人：

这首《黍离》，表达的是孤独者面对沧桑巨变的愁思；《咏梅》又是孤独的陆游，力主抗金，报效国家，却屡遭排挤后的愁思！

驿桥边的梅花，经受着风雨地侵袭，幽然绽放。不屑于争艳，无视于妒忌，无意于名利，即便零落成泥，碾踏为尘，她，依然飘香！

［现场朗诵、吟唱］

卜算子·咏梅
陆　游

驿外断桥边，寂寞开无主。已是黄昏独自愁，更著风和雨。

无意苦争春，一任群芳妒。零落成泥碾作尘，只有香如故。

主持人：

陆游，南宋时期的著名诗人。历史的秋凉，令这位心在边关、身在内地的诗人，让这位立志抗金、壮志难酬的英雄，只能一挥狼毫，留下这篇痛诉衷肠的经典名篇！

诉 衷 情

陆　游

　　当年万里觅封侯,匹马戍凉州。关河梦断,尘暗旧貂裘。胡未灭,鬓先秋,泪空流。此生谁料,心在天山,身老沧州。

主持人:

　　陆游,南宋的大诗人,一个立志抗金,信念不变的爱国诗人。他,仕途坎坷,感情生活也曲折,留下了一首千古流传的爱情名篇《钗头凤》。

　　陆游和前妻唐婉感情笃深,却只度过三年的恩爱生活,便被母亲活拆鸳鸯,燕南雁北。唐婉另嫁,陆游另娶,他们倍受痛苦思恋的折磨。

[播放故事叙述录音]

　　这一天,陆游重游沈园,独自徘徊。忽然,他见到唐婉和改嫁后的丈夫赵士诚也结伴来园。霎时间,他们相视无言……唐婉望见陆游——人憔悴;陆游望见唐婉——"人空瘦"。他俩不禁想起十年前的新婚后,凭栏依偎在春波桥上漫步信走……唐婉差人送来"黄縢酒",陆游自然想起唐婉的"红酥手",又想起母亲大人的"东风恶",导致他们恩爱夫妇"欢情薄",鸳鸯分散游!这"一怀愁绪,几年离索"的痛苦岁月,让他想起唐婉泪湿手绢,红染脂粉的忧愁。陆游啊陆游,他悲叹相逢不能相聚,海誓山盟虽在,既难写信,也难开口……

　　往事历历,思绪茫茫,陆游挥毫沾泪,写下了这首哀怨抗争的词作,发出了"错,错,错"的痛诉,喊出了"莫,莫,莫"的疾呼!悔只悔,屈从母意,休了前妻;叹只叹,一切作罢,终身痛苦!在沈园的墙上,陆游留下了这首词作——《钗头凤》,把一个遭封建绳索捆绑,极想挣脱的内心倾吐!

　　陆游啊,借诗寄情;唐婉啊,见诗心碎,在和了一首《钗头凤》之后,便郁郁寡欢,不久病故。

　　《钗头凤》啊!它仿佛让人听到了一次次的哭泣,是一首分钗劈凤的爱情悲歌;它仿佛让人听到了一阵阵跺脚,是一首和泪染血的词作;它仿佛让人听到了一声声的呐喊,更是浸透人间珍贵感情的文字记录!

　　这哪里只是一首诗歌?它更是陆游直面人生,对封建专制的呼天抢地的控诉!

207

［现场朗诵、吟唱］

钗头凤

陆　游

　　红酥手，黄滕酒，满城春色宫墙柳。东风恶，欢情薄，一怀愁绪，几年离索。错错错。

　　春如旧，人空瘦，泪痕红浥鲛绡透。桃花落，闲池阁，山盟虽在，锦书难托。莫莫莫。

主持词：

　　好一个诗仙李白，满怀建功立业理想，奉召入京，在宫廷任职，却不料，遭小人谗言攻击，被贬还乡。然而，李白毕竟不是蓬蒿之人，更不是摧眉折腰的懦弱之辈！他辞别好友，南下之前，写下梦游天姥的浪漫豪放之作，诗中没有秋凉之悲，却不乏豪雄之壮！他惊喜于幻境梦中突现，仙人纷至沓来，他慷慨于骑白鹿，访名山的潇洒自在！这就是一种逆境中的慷慨，这就是一种越磨越亮的人格品性！

［现场吟唱］

梦游天姥吟留别

李　白

海客谈瀛洲，烟涛微茫信难求；
越人语天姥，云霞明灭或可睹。
天姥连天向天横，势拔五岳掩赤城。
天台四万八千丈，对此欲倒东南倾。

我欲因之梦吴越，一夜飞度镜湖月。
湖月照我影，送我至剡溪。
谢公宿处今尚在，渌水荡漾清猿啼。
脚着谢公屐，身登青云梯。
半壁见海日，空中闻天鸡。
千岩万转路不定，迷花倚石忽已暝。
熊咆龙吟殷岩泉，栗深林兮惊层巅。
云青青兮欲雨，水澹澹兮生烟。
列缺霹雳，丘峦崩摧。
洞天石扉，訇然中开。

青冥浩荡不见底,日月照耀金银台。

霓为衣兮风为马,云之君兮纷纷而来下。

虎鼓瑟兮鸾回车,仙之人兮列如麻。

忽魂悸以魄动,恍惊起而长嗟。

惟觉时之枕席,失向来之烟霞。

世间行乐亦如此,古来万事东流水。

别君去兮何时还?

且放白鹿青崖间,须行即骑访名山。

安能摧眉折腰事权贵,使我不得开心颜!

主持词:

高楼独上,栏干拍遍,仰天长啸,岳将军一曲《满江红》,诠释了爱国的真谛,展读这篇气吞山河的盖世雄文,一股热血丹心的豪杰气,迎面而来。山河破碎,生灵涂炭,岳飞怒指匈奴、胡虏,收拾金瓯,要恢复社稷!此时的岳飞顿生凌云之志,"爱国"这一面神圣而庄严的旗帜,使通篇有情,字字生辉,一股忠愤,喷薄而出。读《满江红》,思岳将军,继承光大这无比珍贵的精神遗产,我们责无旁贷!

[现场朗诵]

满 江 红

岳 飞

怒发冲冠,凭栏处,潇潇雨歇。抬望眼,仰天长啸,壮怀激烈。三十功名尘与土,八千里路云和月。莫等闲白了少年头,空悲切。

靖康耻,犹未雪;臣子恨,何时灭!驾长车踏破贺兰山缺。壮志饥餐胡虏肉,笑谈渴饮匈奴血。待从头收拾旧山河,朝天阙。

尾 声

我自豪,我是中国人

苏 轼

[朗诵视频播放]

不会忘啊,我是中国人,……我自豪,我是中国人!

(详见于上一讲)

(节选并改编自任卫新的《我自豪,我是中国人》)

［现场朗诵］

祖国，一首唱不完的恋歌

张　锲

我曾经不止一次地想过，祖国，到底是什么？我想呀，想呀，每一次我想起祖国这两个字，血管里便奔腾着一股股热血，眼里便翻起一片片晶莹的泪花，心里便泛起一阵阵温柔的浪波……

祖国是什么？它是山，是海，是森林，是草地，是村庄，是城市，是绵延起伏的丘陵，是茫茫无垠的沙漠。

祖国是什么？它是炊烟，是鸽哨，是端午的龙舟，是中秋的火把，是情人在木栅栏后热烈的亲吻，是婴儿在摇篮里的咿咿呀呀的呼唤，是母亲在平底锅上烙出的煎饼，是父亲在远行时的殷殷叮咛。

祖国是什么？它是孔子、老子、庄子的思考，是屈原、李白、陆游的诗，是韩愈、柳宗元、苏轼的散文，是李煜、李清照、辛弃疾的词。

是八大山人、郑板桥、齐白石的画，是米芾、黄山谷、林散之的书法，是我们先辈中那些最智慧的人的创造，是我最尊崇的那些大师们的劳绩。

祖国是什么？它是一次次的屈辱，一次次的抗争，一次次的失败，又一次次地奋起。它是战士手中的枪，志士颈上的血，是胜利后的狂欢，是历史书上一页页不朽的篇章。

世界上有许多美丽的地方。但是，那里有黄山、黄河么？有长江、长城么？

有襁褓里母亲哼唱的摇篮曲么？

有我一步步艰难跋涉过来的足印么？

有我和我的亲友们都已经习惯了的那些难以尽说的民风民俗么？

有我一开口哼唱就觉得荡气回肠的乡音黄梅戏么？

没有，既然这些都没有，那么，祖国就是一个不可替代的地方。

祖国，它是一首唱不完的恋歌，一篇写不尽的美文。

它是我们的祖先和祖先的祖先赖以繁衍生息的地方

也是我们的子孙和子孙的子孙赖以生存发展的地方。

让我们更多地了解祖国的昨天，也更加努力地建设祖国的今天和明天！

未来属于中国！中国的未来属于——青年！（注）

［注］本篇《祖国是一首唱不完的恋歌》与开篇的《我的中国》，根据听课对象，交替使用，互不重叠。

结 束 语

这一篇篇千古垂流的优秀作品,存留的是文字,传承的却是中华民族永垂不朽的情感、精神:乡情、亲情、友情、爱情;爱国精神、忧乐精神,仁善精神等等,它们都是跨越时空,超越国度的人类共有的情感和精神!

我们让孩子们学中文,教给他们的不仅仅是一种语言工具,更是一种文化精神。我们读中国诗文,讲中国故事,诵、吟、唱中国古典诗文,弹奏中国民族乐曲,为的就是让李太白、杜子美、苏子瞻、陆务观、李易安、辛幼安、岳鹏举等等一个个民族伟人的雕像,一座座文化精神的高峰翠岭,展现在世人面前。让我们自己不忘初心,让我们的后代,不丢根本。

亲爱的朋友们,让我们共同表达一个心声:中华文化,我为你骄傲!

(全场合诵)中华文化,我为你骄傲!

吟诵答问

1. 吟诵何解？吟诵何效？

播放《妙哉，吟诵》

妙（效）在何处？

妙（效）在能让诗文

"响"起来——有声化——尽显诗文的音乐之美；

"站"起来——有形化——仅显诗文的形象之美；

"活"起来——有情化——仅显诗文的声情并茂的生命之美！

2. 究竟如何尽显诗文的音乐之美？

现场互动诵读：《山居秋暝》

空山新雨后，天气晚来秋。明月松间照，清泉石上流。
　— 　｜ 　 ｜ 　— 　　 ｜ 　— 　— 　　｜

竹喧归浣女，莲动下渔舟。随意春芳歇，王孙自可留。
　— 　｜ 　 ｜ 　— 　　 ｜ 　— 　— 　　｜

（1）把握双数字的平仄长短之变。

212

五言律诗的平仄规律：

字序：　　　　　2　4　　　　　　2　4

句序:第①句　　　—　∣　　　第②句　∣　—

第③句　　　　　∣　—　　　第④句　—　∣

第⑤句　　　—　∣　　　第⑥句　∣　—

第⑦句　　　∣　—　　　第⑧句　—　∣

①平声字读音长,仄声字短(平长仄短),长短有序。

②每一句的第2、4字,平仄相对。

③第2、3句平仄相同;第1、4句平仄相同。

④ 前四句与后四句平仄相同。

(2) 把握尾字的押韵之变:第2、4、6、8句,必定押韵。

①第1、5句可押可不押;

②第3、7句必定不押韵。（仄声字）

③一般都押平声韵。

归纳:平长仄短"入"更短,仄仄平平交替换。（"入":入声字）

韵字拖长韵味浓,抑扬变化更悠远。

3. 究竟如何尽显形象之美,生命之美?

品赏:《早发白帝城》《虞美人》《相思令·吴山青》

归纳:

古诗文的诵读、吟唱(咏),一定的要紧贴诗情文意,把握好平仄、押韵之变,以及字调、句调、语气、节奏之变,使之产生抑扬顿挫、轻重缓急的明显变化。

品赏诗文

1. 品赏古今诗文,节奏之异

鉴赏两首亲情诗,两首乡愁诗。它们都是真情的倾吐,都是那么感人,但它们的诵读、吟唱节奏,有何不同?

品赏:《今生今世》(见附件1)、《游子吟》《乡愁》《天净沙》。

归纳:相同的真情倾吐,不同的节奏变化。古诗文的诵读、吟唱节奏,明

显地强于现代诗文。

2. 品赏古诗文吟诵的腔调之妙

"依字行腔，因语行调"紧贴诗情文意的腔调最美妙。

品赏：

（1）无名氏沪语诵读杜甫的《登高》。

（2）曹雷金华语吟唱、彭世强国语吟唱辛弃疾的《清平乐·村居》。（见附件2）

归纳：

吟诵的腔调，应该是"读"出来的，或者说，吟唱的腔调，是由"诵读"引出来、化出来的。"熟读唐诗三百首，不会作诗也会吟"，讲的也是这个道理。

许多传统的吟唱的音乐旋律，很有方言、戏曲色彩。例如台湾师大王更生教授，出生于河南，他的吟唱，河南方言味重，其音乐旋律蕴涵很浓的豫剧音乐元素。

3. 品赏古诗文方言吟诵、国语吟诵，各得其妙

品赏：

陕西方言吟唱、修复吟唱杜甫的《月夜》（见附件3）

沪语吟唱《春怨》（见附件4）

海门方言官话吟唱《如梦令》（常记溪亭日暮）

沪语吟唱《清明》

4. 谨慎品赏古诗文的多种表现方法（诵、吟、歌、唱）

品赏：

粤语诵读、歌唱孟浩然的《春晓》。

吴语吟唱、京剧清唱贺知章的《回乡偶书》。

归纳：

（1）吟唱有曲调，但是曲调音乐，服从于诗情文意的表达，重在表现语词之美；歌唱也有曲调，但重在音乐旋律的优美动听，重在曲调，重在表现音乐之美。

（2）吟唱的曲调相对于歌、唱的曲调，比较简单，旋律变化比较简约。

（3）采用任何一种诗词表现方法，都需谨慎，品赏任何一种诗词表现方法，都要谨慎鉴别下列诵和唱，是否准确传达诗情文意。

普通话吟唱、越剧清唱《水调歌头》(明月几时有)(见附件5)
普通话朗诵《满江红》。

标题何来？ 吟诵何源？

(1) 来自赵丽宏的题词："吟诵古诗词，承传中华魂"。
(从"传承"到"承传"烦的一字之改)
(2) 吟诵是方法，是手段；承传是过程，先承而后传。
(3) "承"要准确把握，深厚积累，不是简单地照搬、模仿、刻录。
"传"要去芜存"菁"，探索创新，提炼升华。
"菁"的核心，就是"中华之魂"，承传中华魂，是目标，是根本。

附件1

今生今世
余光中

我最忘情的哭声有两次
一次，在我生命的开始
一次，在你生命的告终
第一次，我不会记得 是听你说的
第二次，你不会晓得 我说也没用
但这两次哭声的中间啊
有无穷无尽的笑声
一遍一遍又一遍
回荡了整整三十年
你都晓得 我都记得

附件 2

清平乐·村居

辛弃疾

茅檐低小，溪上青青草。
醉里吴音相媚好，白发谁家翁媪。
大儿锄豆溪东，中儿正织鸡笼，
最喜小儿无赖，溪头卧剥莲蓬。

附件 3

春　怨

金昌绪

打起黄莺儿，莫教枝上啼。
啼时惊妾梦，不得到辽西。

跋

在我即将向交大出版社交稿的时候,总有几句不得不说的心语。也许,这是我最后一份书稿了,它是我学习、探索、宣传、推广吟诵几十年的一份汇报。

十几年来,我正式出版过三个光盘。

2004 年的第一张光盘——《中国古诗文吟诵唱鉴赏》,它是在前辈萧善芗、范敬宜的带领下合作完成的。萧善芗先生是手把手领我进门的吟诵老师,她和范敬宜先生(原人民日报总编、原清华大学新闻与传媒学院院长)都是唐文治老夫子创办的"无锡国学专修馆"(后改名为"无锡国学专修学校")沪校最后一届的毕业生,都是唐调吟诵的嫡传弟子。这是一张很有纪念意义的光盘,它已被美国加州大学圣地亚哥分校图书馆收藏。它是体现"前辈提携"的光盘,是吟诵"薪火相传"的光盘。

2009 年由上海音像出版社出版了第二张光盘——《彭世强古诗文吟诵唱专辑》,算是我"独立行吟"的光盘,也是向校庆五十周年献礼的光盘。此时,我的吟诵之声,已经飘出校园,留在了全市各区县,留在了全国多地。与此同时,我也已经开启了带教年轻教师和学生的序幕。

2014 年由东方出版中心音像出版社出版了第三张光盘——《古韵今咏燕之声》,随着我的"名师工作室"带教十五名弟子任务的结束,于 2009 年创建了"海燕吟诵社",这个光盘就是我和几十名弟子一起合作完成的光盘。它也是我带教弟子学习、推广吟诵的高潮时期的记录。

十几年来,我完成了三本书稿。

我的第一本书《永远的蝶恋花》由学林出版社 2004 年出版。这是我"教海泛舟四十年"的记录。书中的吟诵篇幅只占很少一部分。书中记录的是我前半辈子教师生涯,有我的"淡淡的生涯"和"财富人生(学生信函、练笔)",还有我的各类文萃。每次翻阅,总有往事并不如烟的甜蜜感。

我的第二本书《春夜喜雨》,是我 2008 年被教育局命名"名师工作室"后的师生合作的产物。它不仅记录着我工作室的带教特色,尤其是带教传播吟诵的点点滴滴的痕迹。我"逼迫"十几位弟子,和我一起留下了"'课堂时刻'的'七嘴八舌'""'心灵对话'的'点点滴滴'""'随便说说'的'是是非非'"

"'书海拾贝'的'一鳞半爪'""'文海试航'的'扁舟一叶'"等。这是我携手弟子挣脱应试束缚的一次尝试。那时,"文革"已经过去,教育的春天也已来临,可是,应试的黑雾,毕竟威胁着春天,所以,我只想带领弟子们在春夜喜迎雨露的降临!

《涵诗咏词》(含吟诵录音和视频)则是第三本书著。比较前两本书,它显得单薄,但却是我吟诵脚印的记录,是我步步艰难的实践积淀,是我向后人作出交代的笔记。准确地说,它应该是我的吟诵谢幕之作了。

成书还得感谢大家!

非常感谢我的许多好友、师长和弟子们的大力支持和帮助。先要感谢享受国务院特殊津贴的影剧演艺名家张名煜老师,八旬高龄的张老,欣然泼墨,为我这本拙作题写了书名;也感谢十几年来,一直支持和鼓励我的老朋友、上海朗诵艺术学会会长陆澄老师,再度允笔为我撰稿祝贺;更感谢远在京城的吟诵学长、北京语言学院教授王恩保教授,拨冗赠我以勉励之文。同样,要感谢诗人、特级教师何郁老师,他当年曾在杂志上专稿评论我的《"人啊人"朗诵报告》,这次再度修改原稿《朗诵的精神》,继续给我以热情的激励!

没有报酬,没有回报,我的许多弟子,刘晓艳、林凤慧、刘丽、朱侃、刘侠、陈佩蕾、卞峥嵘、盛媚、史文、姚艳丽、丁晓昕、周婷等都为成书付出了辛勤的劳动,在此一并致谢!

最后仅以一首小诗《回暖》,作为此文的收笔:

回　暖

深谷幽兰,曾经多少孤寂。青峰添笑,徐来春暖,拂袖辞冷眼,琴音飘夜阑。

轻燕回飞,屋檐诗韵翩翩,诗文起舞,学堂歌咏,抚掌诵经典,英魂华夏传。

又及:

"月有阴晴圆缺,人有祸福旦夕,此事古难全",2018年5月,我的夫人被诊断患了淋巴瘤。经过半年六次化疗,病情刚刚趋于平稳。12月中旬的一天,夫人不慎摔跤,腰椎骨和左脚踝骨均骨折,前者手术,后者上了石膏。我面临交稿在即,只能匆忙作了最后一次校对。加之自己的学养不足,书稿中的失误难免,敬请各位方家和读者,多多见谅!